Collections de feu M. SORET

TABATIÈRES

MINIATURES

Objets d'Art

BIJOUX

TABLEAUX

Livres

DESSINS

Mes ALPH. PERROT et DELBERGUE-CORMONT, Commissaires-Priseurs.

MM. MANNHEIM
LANEUVILLE
AUG. AUBRY
CLÉMENT
} Experts.

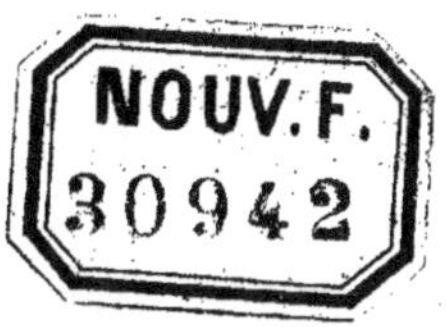

Un amateur dont l'esprit doux et modeste, le goût fin et délicat, étaient appréciés de tous ceux qui avaient le bonheur de l'approcher, s'est éteint le 13 mars dernier, après avoir consacré une grande partie de son existence à former une collection remarquable par le choix, la variété et le caractère particulier des objets qui la composent.

Né à Paris en 1784, M. René Soret avait succédé à son père dans les fonctions importantes de chef de l'Escompte à la Banque de France. De quelques années plus jeune que Sauvageot, et intimement lié avec Paul Delaroche, M. Soret avait commencé de bonne heure à aimer et à apprécier les œuvres d'art. Son goût s'était formé par de fréquentes visites au Musée du Louvre et par son assiduité aux expositions faites depuis quarante ans à l'Hôtel des Ventes.

L'attention de M. Soret se portait principalement sur les objets qui se distinguaient par la finesse du travail, la beauté et la rareté de la matière; il avait pour les petits tableaux de l'école flamande et de l'école française du XVIIIe siècle, ainsi que pour les dessins appartenant à ces deux écoles, une préférence marquée. On a longtemps dédaigné ces miniatures à l'huile, peintes le plus souvent sur cuivre, par des artistes flamands et français du XVIIe siècle, et représentant les principaux personnages de cette époque; M. Soret avait réuni un grand nombre de ces portraits, qui n'ont pas encore été admis dans les collections publiques, et qui, cependant, tiennent une place importante dans l'histoire de l'art. Petitot et ses successeurs ont trop fait oublier les miniaturistes à l'huile qui les ont immédiatement précédés. Ces petits portraits étaient ordinairement renfermés dans des étuis de chagrin que l'on portait dans sa poche; M. Soret en possédait plusieurs conservés dans leurs montures primitives.

L'usage du tabac à priser, introduit en France sous Catherine de Médicis, était devenu peu à peu tellement général, que, dès la fin du règne de Louis XIV, les enfants même avaient contracté l'habitude de prendre du tabac. Cette mode a fait produire des chefs-d'œuvre. Les tabatières du XVIIIe siècle, formées des matières les plus précieuses, ciselées avec un goût parfait, ornées de miniatures et de gouaches dues à d'éminents artistes, sont de plus en plus recherchées et finiront aussi par figurer dans nos musées. Plus on s'éloignera des temps qui ont vu naître ces objets d'art, plus on conviendra qu'ils ne sont pas moins nécessaires à conserver et à étudier que les custodes du XIVe siècle, les coffrets du XVe et les boîtes du XVIe. La collection de tabatières réunies par M. Soret est une des plus riches et une des plus complètes que l'on puisse voir.

Il est inutile de s'étendre plus longtemps sur les nombreux objets d'art qui composaient le cabinet de M. Soret ; leur catalogue servira dès à présent, et dans l'avenir, à se faire une idée du goût qui avait présidé à la composition de cette collection.

M. Soret se plaisait, en faisant les honneurs de son cabinet, à raconter les particularités relatives à tel ou tel objet acheté par lui dans des circonstances piquantes. Ces anecdotes, qui ajoutaient un grand prix à sa collection, n'ont malheureusement été écrites ni par lui ni par ses amis. Nous pouvons cependant en citer une, relative à la tabatière cataloguée sous le n° 67. M. Soret assistait un jour à une vente dans laquelle M. Dosne et Lablache se disputaient cette tabatière et enchérissaient avec acharnement l'un sur l'autre. Enfin, Lablache, craignant de voir cet objet lui échapper, s'approche de M. Dosne et lui dit, avec un accent que se rappelleront tous ceux qui ont connu l'aimable et éminent artiste : « *Oh ! je vous en prie, laissez-moi cette boîte, ou je chanterai faux ce soir.* » Désarmé par cette prière, car, de la part de Lablache, ce ne pouvait être une menace, M. Dosne laisse adjuger la tabatière à Lablache, qui, tout joyeux de l'avoir, s'approche de M. Soret et, la lui faisant admirer, lui dit : « *Ils ne savent pas ce que c'est que cette matière ni de quel pays elle vient ; c'est un quartz très-rare et qui ne se trouve qu'en Afrique, dans la rivière Orange.* » M. Soret n'oublia pas cette particularité, et lors de la vente faite après la mort de Lablache, il se rendit à son tour acquéreur de la précieuse boîte.

Lors de la dispersion du cabinet Debruge-Duménil, M. Soret avait acheté un magnifique bénitier en bronze doré et en argent, qui lui avait paru provenir des anciens appartements de Versailles. Lorsqu'il eut acquis la certitude que cet objet d'art était en effet porté sur l'inventaire du mobilier de la couronne dressé en 1776, et qu'il avait dû être compris dans la vente générale ordonnée par la Convention en 1793, M. Soret voulut rendre ce bénitier à sa destination première, et il l'a légué au Musée de Versailles.

Aucun de ceux qui ont connu M. Soret n'oubliera la bonté pénétrante répandue sur sa physionomie, la bienveillance affectueuse avec laquelle il accueillait non-seulement ses amis, mais même de simples curieux; l'inépuisable charité avec laquelle il secourait les nécessiteux qui s'adressaient à lui. La mémoire de l'homme de bien vivra dans le cœur de ses amis; celle de l'homme de goût sera plus durable encore; si le cabinet de M. Soret a le sort de beaucoup d'autres formés par des esprits d'élite, et se trouve dispersé, son Catalogue servira plus tard à le reformer par la pensée, et, comme ceux des amateurs qui l'ont précédé, aidera un jour à constater les tendances d'une époque reculée.

***

1re Partie.

TABATIÈRES

MINIATURES, OBJETS D'ART, BIJOUX

CATALOGUE

DES

TABATIÈRES

Objets d'Art et de Curiosité

BIJOUX ET MINIATURES

COMPOSANT LA PRÉCIEUSE COLLECTION

De feu M. SORET

DONT LA VENTE AURA LIEU

HOTEL DROUOT

Salle n° 7

Les Lundi 4, Mardi 5, Mercredi 6, Jeudi 7, Vendredi 8 et Samedi 9 Mai 1863

A UNE HEURE ET DEMIE

Me **PERROT**, Commissaire-Priseur, place du Pont-St-Michel, 5,
Et Me **DELBERGUE-CORMONT**, son Collègue, rue de Provence, 8,
Assistés de **MM. MANNHEIM**, Experts, rue de la Paix, 10.

EXPOSITIONS { PARTICULIÈRE : Le Samedi 2 Mai / PUBLIQUE : Le Dimanche 3 Mai } DE 1 HEURE A 5 HEURES

PARIS
RENOU & MAULDE
IMPRIMEURS DE LA COMPAGNIE DES COMMISSAIRES-PRISEURS
Rue de Rivoli, 144

1863

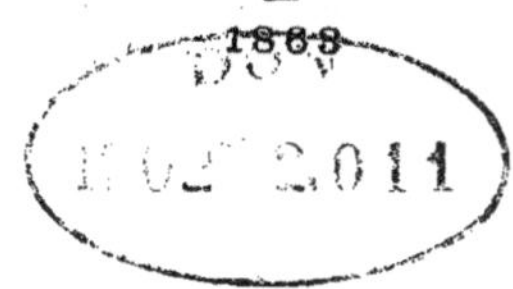

CONDITIONS DE LA VENTE

Elle se fera au comptant.

Les acquéreurs paieront en sus des adjudications, CINQ pour CENT, applicables aux frais.

LE PRÉSENT CATALOGUE SE TROUVE :

Chez MM.

A Paris...... PERROT, Cre-Priseur, place du Pont-St-Michel, 5.
DELBERGUE-CORMONT, Commissaire-Priseur, rue de Provence, 8.
MANNHEIM, Experts, rue de la Paix, 10.
CLÉMENT, Expert, rue des Saints-Pères, 3.
LANEUVILLE, Expert, rue Neuve-des-Mathurins, 73.
AUBRY, libraire, rue Dauphine, 16.

Londres...... ANNOOT, Old-Bond street, 16.
COLNAGHI, Pall Mall East, 14.
H. DURLACHER, New Bond Street, 113.
J. WEBB, Cork Street Burlington Gardens, 22.

Bruxelles..... ETIENNE LEROY, place du Grand-Sablon, 12.

Rotterdam ... LAMME.

Berlin........ ARNOLD, unter den Linden
FIOCATI, unter den Linden, 21.

Francfort-s.-Mein LOEVESTSTEIN frères, Zeil.

Milan......... VALLARDI.

Vienne........ ARTARIA et Cie.

Florence..... BALDI.

DÉSIGNATION DES OBJETS

PREMIÈRE VACATION

Du Lundi 4 Mai 1863.

TABATIÈRES

1 — Boîte ovale en or émaillé en plein, à six sujets finement peints; le médaillon du couvercle et celui du fond présentent des concerts de famille d'après les maîtres flamands; ceux du pourtour, des jeux d'enfants. Bordures à rosaces gravées réservées sur un fond d'émail bleu et pilastres d'entre-deux gravés à ornements en or de couleur. Époque Louis XV. Étui carré en peau vert-russe.

2 — Boîte carrée en or, à fleurs et rosaces en or de couleur finement ciselé sur un fond à mille raies; elle est enrichie de six belles peintures sur émail représentant des sujets d'intérieur dans le style d'Ostade et de Teniers. L'intérieur du couvercle est orné d'un petit médaillon ovale qui contient une agate herborisée. Époque Louis XV. Étui en galuchat à charnière en argent.

3 — Boîte ovale doublée en or et à bordures en or émaillé à feuillages bleu et vert alternés sur un filet d'émail blanc ; le couvercle et le fond sont ornés de deux miniatures gouachées par VAN BLARENBERGHE, représentant les batailles de Fontenoy et de Lawfeld ; sur le premier plan de chacun d'eux, Louis XV à cheval est entouré d'un brillant état-major. Le pourtour est en écaille. Étui en peau couleur raisin de Corinthe.

4 — Beau portrait ovale du roi Louis XIV, peint sur émail par PETITOT, dans un cadre ovale à réverbère en or, à filet d'émail bleu et monté sur une boîte ronde en écaille, à charnière et doublée en or. La monture a été faite par MM. Leferre frères. Étui analogue à celui qui précède.

5 — Portrait ovale du grand Dauphin, finement peint sur émail, par PETITOT ; dans un double encadrement de demi-perles, d'or ciselé, et d'émail vert, monté sur une belle boîte ovale en or guilloché et émaillé vert, à gorge et bordures en or de couleur, ciselé. Époque Louis XVI. Étui en galuchat.

6 — Beau portrait ovale (Colbert ?) finement peint sur émail et que nous attribuons à BORDIER ; il est monté dans un cadre à reverbère en or à filet d'émail bleu et orne le couvercle d'une boîte ovale en écaille doublée en or. La monture par MM. Leferre frères. Étui en peau chagrinée rouge.

— Beau portrait du comte d'Angivillers, peint sur émail, par WEYLER, monté sur une boîte ronde en écaille doublée en or et à gorge, bordures, pilastre et rosace en or de couleur, ciselé. A l'intérieur du couvercle se trouve gravée l'inscription suivante :

Le comte d'Angiviller, directeur général des Arts. Émail, par Weyler, 1779. Étui en peau raisin de Corinthe.

8 — Portrait ovale du roi Henri IV peint sur émail d'après Porbus ; il est monté sur une boîte ovale en écaille piquée d'or, à gorge, bec et charnière en or. Étui en peau raisin de Corinthe.

9 — Grande et magnifique boîte de forme carrée, pans coupés, montée à cage en or ciselé à feuillages en relief émaillés vert-émeraude et perles opales et points rubis en émail ; les pilastres émaillés de même sur fond frisé mat. Elle est enrichie de six miniatures gouachées d'après Boucher ; le sujet allégorique du couvercle représente la Comédie, celui du fond la Musique et ceux du pourtour les quatre Éléments figurés par des jeux d'enfants. La monture de cette pièce, du plus beau style Louis XVI, a été exécutée par MM. Leferre frères. Écrin en galuchat à charnières et bouton en or.

10 — Autre grande et très-belle boîte de forme carrée à angles arrondis, montée à cage en or ciselé à feuillages émaillés vert émeraude à fleurettes, à points rubis d'émail, à perles opales et à bordures et points émaillés blanc. Elle est enrichie de six belles miniatures gouachées sur ivoire, représentant des sujets pastoraux d'après Boucher. La monture de cette pièce, de même style que celle qui précède, a été exécutée par MM. Leferre frères. Écrin garni d'étoffe ancienne.

11 — Boîte de forme carrée à angles contournés ; le pourtour en or ciselé à fleurs émaillées en relief. Le couvercle est entièrement occupé par une jolie

miniature représentant les enfants de France assis dans un jardin. Le fond est en écaille, piquée d'or et d'argent. Écrin en peau vert-russe.

12 — Portrait de la reine Marie-Antoinette, peint en miniature sur ivoire et signé *La Tour*, 1789. Il est monté sur une jolie boîte ronde en or émaillé gris perle, à cordons, ciselés à feuillages émaillés vert émeraude, et perles émaillées couleur rubis et points blancs. Époque Louis XVI. Écrin en galuchat à charnière et bouton en argent.

13 — Très-beau portrait du roi Louis XVI, peint en miniature sur ivoire, par *Augustin* (signé). Il est monté sur une boîte ronde à charnière, en or émaillé gros bleu, à cordons ciselés enrichis de demi-perles; le fond de la boîte est occupé par un médaillon finement modelé en cire représentant un paysage avec ruines, personnages et animaux. Époque Louis XVI. Écrin en galuchat à charnières et bouton en argent.

14 — Très-beau portrait de Madame Adélaïde de France (fille aînée de Louis XV, née à Versailles en 1780); peint en miniature par Hall, d'après le portrait au pastel de Madame Guyard, née Labille (Musée du Louvre). Il est monté sur une boîte ronde en écaille à gorge en or, et à bordure et encadrement en or ciselé à perles en relief. Écrin en peau vert-clair.

15 — Portrait du roi Louis XV; belle miniature ronde sur ivoire, montée sur une boîte en or guilloché et à bordures et rosaces ciselées. Époque Louis XVI. Écrin en peau raisin de Corinthe.

16 — Tabatière Louis XVI forme de navette, en écaille à gorge en or et galons en or ciselé à chaînette ; sur le couvercle se trouve une miniature ovale sur vélin, portrait d'homme en costume du temps de Louis XIV. Écrin en peau vert-russe.

17 — Tabatière Louis XVI, de forme ovale, en écaille à gorge et doublée en or ; les bordures sont enrichies d'ornements à feuillages en or ciselé et repercé à jour ; sur le couvercle se trouve une miniature sur vélin, portrait d'homme en riche costume de cour, signé F. D. Wilper. Écrin.

18 — Miniature ovale sur ivoire, portrait de l'Empereur Napoléon Ier par Isabey, dans une bordure en or émaillé à filet bleu et posé sur une boîte carrée, à angles arrondis, en écaille, montée à gorge et doublée en or. Écrin.

19 — Jolie miniature sur ivoire, par J. Guérin, portrait de l'impératrice Joséphine, posée sur une tabatière en malachite, doublée et montée à gorge et galons en or ciselé. La monture est signée Vachette. Écrin en peau chagrinée rouge.

20 — Portrait du roi Louis XVIII, belle miniature ovale sur ivoire par Isabey, dans une bordure carrée en or ciselé et filet d'émail bleu. Il est posé sur une boîte carrée à angles arrondis, en écaille doublée en or. La monture par MM. Leferre frères.

21 — Portrait du roi Charles X, miniature ovale non terminée par Isabey, dans une bordure en or ciselé à fleurs de lis et filet bleu. Il est posé sur une boîte carrée à angles arrondis, en écaille doublée en or.

La monture par M. Vachette. Écrin en peau raisin de Corinthe.

22 — Grande et très-belle boîte ronde en vernis, de MARTIN, fond or à quadrilles et à médaillons de personnages et attributs finement peints dans le style de Watteau; bordure à ornements divers décorés en vert. Écrin.

23 — Charmante miniature ronde sur ivoire par LAWRENCE, le jeu de Colin-Maillard dans un parc, composition très-gracieuse de quinze figures. Elle est montée sur une tabatière ronde en poudre d'écaille incrustée de bandes et galonnée d'or. Écrin.

24 — Très-belle miniature ronde sur ivoire par CHASSELAT (signée). Jeune fille en riche costume Louis XV, dansant dans un parc ; elle est montée sur une boîte ronde en écaille blonde galonnée d'or.

25 — Miniature ronde très-fine dans le style de BOUCHER : groupe de trois femmes nues enchaînant un amour avec des guirlandes de fleurs ; elle est montée dans une bordure en or ciselé à chaînette et posée sur une boîte ronde en écaille. Écrin en peau violette.

26 — Charmante miniature ovale sur ivoire; portrait de jeune fille dans la manière de FRAGONARD ; elle est montée dans une bordure en or à filet émaillé bleu clair et posée sur une boîte d'écaille de forme carrée à angles coupés, incrustée de filets d'or. Écrin.

27 — Jolie miniature carrée sur ivoire par Charlier ; Vénus et l'Amour ; elle est montée sur une tabatière en racine de buis.

28 — Miniature ronde sur ivoire; la sortie du bain, groupe de deux jeunes femmes dans un parc. Elle est montée sur une boîte d'écaille blonde posée d'étoiles et de pois d'or et galonnée d'or.

29 — Jolie miniature ronde attribuée à Klinstett; Vénus et l'Amour endormi; dans une bordure finement gravée et repercée à jour et montée sur une boîte d'écaille doublée d'or. Ecrin en peau.

30 — Jolie peinture ovale sur émail; enlèvement d'Europe; dans une bordure en or gravé et posée sur une tabatière d'écaille montée à gorge et à charnière en or. Écrin en peau raisin de Corinthe.

31 — Peinture sur émail, Henri IV et la belle Gabrielle; dans une bordure en or gravé et monté sur une boîte ronde en écaille.

32 — Miniature carrée sur vélin, dans la manière de Klinstett; la surprise; montée sur une boîte d'écaille, la bordure et le bec en or gravé; la charnière en doublé d'or.

33 — Tabatière ronde en vernis de Martin, fond rouge; sur le couvercle se trouve un médaillon, la pleureuse d'oiseau.

34 — Autre boîte ronde en vernis de Martin, fond rouge; sur le couvercle se trouve un médaillon, peinture en miniature, jeune fille endormie son tricot à la main.

35 — Tabatière de forme oblongue, monture à cage par Vachette, en or à filets émaillés bleus; elle est enrichie de six jolis panneaux peints par Jollivet, bacchanales sur le couvercle et le fond; le pour-

tour décoré de figures et d'attributs sur fond rouge. Écrin en maroquin.

36 — Jolie miniature ronde, sur vélin ; vase contenant un fort bouquet de fleurs par Van Dael ; bordure en or gravé. Elle est montée sur une boîte ronde en écaille à gorge et charnière en or. Écrin en maroquin grenat.

37 — Jolie miniature ronde ; groupe de fleurs par G. Van Spaendonck; avec bordure en or et montée sur une boîte d'écaille ronde à gorge en or.

38 — Autre miniature ronde ; fleurs et attributs divers attribués à G. Van Spaendonck ; avec bordure en or gravé. Elle est montée sur une boîte en racine de buis.

39 — Joli fixé par Corneille Van Spaendonck, groupe de fleurs et attribut ; montés sur une boîte ronde en écaille avec bordure et gorge en or.

40 — Jolie miniature ronde par Van Leen; groupe de fleurs et attributs ; montée sur une boîte ronde en racine de buis et bordure en or.

41 — Autre miniature ronde, groupe de fleurs; montée sur une boîte ronde en écaille.

42 — Miniature ronde, nature morte et fruits signée Van-os, 1845 ; montée sur une boîte ronde en écaille avec bordure et gorge en or.

43 — Boîte ronde en écaille; le couvercle orné d'une miniature en grisaille par Devaux; bustes de Louis XVI, de Marie-Antoinette et des Enfants de France; encadrement en or.

44 — Joli dessin au crayon rouge ; Amour tirant de l'arc au premier plan et jeux d'enfants au fond; dans une bordure en or et monté sur une boîte ronde en écaille.

45 — Dessin à la plume, rehaussé de couleurs, portant la signature de PRUD'HON; Psyché et l'Amour dans un paysage : sur une boîte ronde en racine de buis.

46 — Boîte ronde en vernis de MARTIN, fond gris à bandes et fleurettes en couleur, galonnée en or ; sur le couvercle se trouve le portrait en miniature d'un prince autrichien.

47 — Tabatière carrée en écaille, montée à gorge et à charnière en doublé d'or ; le couvercle est orné d'une peinture sur porcelaine, représentant des personnages en costumes civils et militaires étrangers de 1815. Écrin en maroquin.

48 — Boîte ronde en écaille montée à gorge en or ; sur le couvercle se trouve un médaillon : paysage, ruines, personnages et animaux, finement modelés sur cire blanche ; dans une bordure en or à bordure bleue émaillée et demi-perles.

49 — Grande boîte carrée à cage en vermeil, ornée de sept peintures chinoises sur verre; les panneaux du couvercle et du fond représentent divers personnages ; ceux du pourtour, des fleurs décorées en couleur sur fond bleu. Le septième panneau placé à l'intérieur du couvercle, représente les Trois Grâces. Écrin recouvert d'étoffe chinoise.

50 — Boîte ronde en poudre d'écaille, ornée d'un fixé. Portrait de Philippe Égalité, debout en costume d'officier de hussards.

51 — Boîte ronde en écaille, ornée d'un joli fixé par Taunay; jeune fille puisant de l'eau à une fontaine, près d'elle un personnage accroupi, au fond, paysan et bestiaux; bordure et gorge en or.

52 — Boîte ronde analogue à celle qui précède; le fixé attribué à Demarne, présente un paysage avec figures.

53 — Boîte ronde en poudre d'écaille, ornée d'un fixé, paysage et figures, attribué à Demarne; bordure en or gravé.

54 — Boîte carrée en bois de palmier, enrichie d'un joli fixé par Roehn; intérieur de famille.

55-59 — Cinq boîtes diverses en écaille et en racine de buis, ornées de fixés par Lebelle, Schmit, etc., qui seront vendues séparément.

DEUXIÈME VACATION

Du Mardi 5 Mai 1863.

TABATIÈRES

60 — Grande et belle boîte de forme carrée, en cristal de roche montée à cage en or ciselé à ornements de style Louis XV. Le couvercle est orné de figurines et d'ornements de style rocaille finement gravés en relief ; le fond présente des ornements de mêmes style et travail, mais sans figures. La monture a été exécutée par MM. Leferre frères. Ecrin en maroquin rouge.

61 — Jolie boîte de forme carrée en cornaline à deux couches montée à cage en or, du temps de Louis XV. Les panneaux du pourtour et celui du couvercle sont sculptés en relief en guise de camées et présentent des figurines et des ornements de style rocaille se détachant en rouge sur la deuxième couche de ton clair. Pièce remarquable et d'un charmant effet. Ecrin en maroquin vert.

62 — Très-belle boîte ovale en mosaïque de Neubert, entièrement composée de cornaline du plus beau ton, finement sertie en or et formant des rosaces et des ornements divers. Le couvercle est enrichi d'un très-beau camée, également sur cornaline, présentant le sujet de Léda et le cygne. Il se trouve dans

le pourtour de la boîte une partie s'ouvrant à secret et qui contient les portraits peints en miniature de Voltaire et de madame Duchatelet. Ecrin en maroquin vert.

63 — Belle boîte de forme carrée pans coupés, en or émaillé gros bleu, sur un fond guilloché, à bordures, pilastres, guirlandes de fleurs et rosaces en or finement ciselé ; ces dernières se détachant sur le fond d'émail gros bleu. Elle est, de plus, enrichie de dix panneaux, en agate herborisée montés à enfantement. Cette boîte, du temps de Louis XVI est signée : *Drais à Paris.* Drais était le bijoutier de la reine Marie-Antoinette. Ecrin en galuchat à charnière et bouton en argent.

64 — Jolie boîte ronde en mosaïque de Neubert présentant quatre-vingt-quatre échantillons de pierres précieuses, montées à jour avec bordures gravées sur or. Le couvercle est enrichi d'un médaillon ovale qui contient le portrait de la grande Catherine de Russie, peint sur émail. Ecrin en maroquin vert russe.

65 — Charmante boîte de forme contournée en lapis lazuli de très-belle nuance, le fond taillé à cuvette, et le couvercle à moulure gravée ; le pourtour est en or gravé à quadrilles et la monture à charnière également en or à moulures guillochées est signée *Duflos Adres.* Ecrin en galuchat à charnière d'argent.

66 — Autre jolie boîte en lapis lazuli de forme contournée; le pourtour à ornements finement gravés, rehaussés d'émail gros bleu. Ecrin en galuchat.

67 — Jolie petite boîte de forme carrée à angles arrondis montée à cage en or guilloché et bec ciselé. Elle

est garnie de six panneaux (celui du couvercle est bombé) en quartz fibreux jaune et chatoyant dans un jaspe brun, de la rivière Orange, cap de Bonne-Espérance. Pièce très-rare qui provient de la collection Lablache. Ecrin en maroquin vert russe.

68 — Petite boîte de forme carrée en jaspe agate rouge gravé à fleurs ; monture à cage en or à ornements style Louis XV, par MM. Leferre frères. Ecrin en maroquin vert.

69 — Boîte de forme contournée en cristal de roche, taillée à cuvette ; monture à gorge en vermeil. Ecrin en maroquin raisin de Corinthe.

70 — Jolie boîte du temps de Louis XVI forme navette en or émaillé gros bleu à cordons et rosace finement ciselés. Le couvercle est orné d'un camée ovale sur agate onix, composition de plusieurs figures. Ecrin en maroquin vert. Collection Debruge.

71 — Boîte forme navette en écaille, doublée en or, le couvercle est orné d'un camée sur calcédoine à deux couches, tête de femme, dans une bordure en or à filet d'émail bleu.

72 — Tabatière de forme carrée, le pourtour galbé, en or ciselé à ornements ; le couvercle est orné de deux plaques d'agate orientale rubanée de très-belle nuance. Ecrin en maroquin raisin de Corinthe.

73 — Très-belle boîte de forme sphérique aplatie, en écaille blonde enrichie d'ornements très-fins en piqué et posé d'or. Très-beau travail du temps de Louis XIV. Elle provient de la collection de madame la duchesse de Montebello. Ecrin en maroquin raisin de Corinthe.

74 — Belle boîte de même forme et de travail analogue, mais sur écaille noire. Ecrin en maroquin rouge.

75 — Autre belle boîte, semblable à celle qui précède ; l'ornementation seule diffère. Ecrin en maroquin rouge.

76 — Petite boîte en forme de baril en piqué et posé d'or sur écaille. Collection de madame la duchesse de Montebello.

77 — Très-belle boîte de forme carrée à angles coupés, en écaille posée d'or à bouquets de fleurs de couleurs, monture à cage en or à ornements gravés. Epoque Louis XV. Ecrin en peau raisin de Corinthe.

78 — Petite boîte de forme balustre très-bas, en écaille posée d'or, à fleurs et ornements divers ; monture à gorge à charnière en argent doré.

79 — Jolie boîte de forme carrée, en mosaïque de burgau et d'or, à dessin formant un treillis ; montée à cage et doublée en or. Epoque Louis XV. Ecrin en maroquin raisin de Corinthe.

80 — Autre boîte de forme carrée en mosaïque de Burgau, de coquilles diverses et d'or, présentant des vases de fleurs ; monture à cage et doublée en or. Epoque Louis XV. Ecrin en maroquin vert russe.

81 — Jolie boîte ovale Louis XVI, en or émaillé fond rouge, à étoiles et points blancs ; bordures et pilastres finement ciselés et émaillés vert émeraude et points blancs. Ecrin en galuchat.

82 — Bombonnière ronde en or émaillé gris perle, sur un fond guilloché et bordures à feuillages émaillés vert et pois blancs. Ecrin en galuchat.

83 — Jolie boîte ovale forme longue en or, à médaillons, Amours, à guirlandes, à pilastres et ornements divers finement ciselés en or de couleur. Epoque Louis XV. Ecrin en maroquin violet.

84 — Boîte ovale Louis XVI, en or ciselé à médaillons attributs, à feuillages et fond guilloché. Ecrin en maroquin vert.

85 — Jolie boîte Louis XVI, de même forme et de travail analogue à celle qui précède, mais plus petite. Ecrin en galuchat.

86 — Boîte de forme oblongue en or guilloché. Travail moderne. Ecrin.

87 — Très-petite boîte de forme carrée très-plate en or émaillé en plein, à fleurs et le pourtour à ornements. Ecrin.

88 — Mosaïque de Rome, enlèvement de Ganymède, dans une bordure en or gravé et montée sur une boîte carrée en écaille doublée en or. Ecrin.

89 — Plaque ovale en agate herborisée très-curieuse, figurant le chapeau de l'empereur Napoléon Ier reposant sur deux palmes ; elle est montée dans une bordure en or et posée sur une boîte ovale en écaille doublée en or. Ecrin.

90 — Petite boîte ovale en cailloux d'Egypte montée à cage et à gorge en or ciselé. Epoque Louis XVI. Ecrin.

91 — Boîte de forme carré-long, à angles coupés en aventurine naturelle ; monture à gorge en or, signée Vachette. Ecrin.

92 — Boîte de même forme en labrador ; montée à gorge, galons et doublée en or. Ecrin.

93 — Boîte de même forme couverte d'une mosaïque régulière de matières précieuses diverses. Monture à charnière en doublé d'or.

94 — Petite boîte de forme contournée, en cailloux d'Égypte, taillée à cuvette ; le couvercle présentant en relief un sujet de chasse; monture à gorge à moulures en or.

95 — Boîte ronde en bois pétrifié, montée à gorge et galons en or.

96 — Petite boîte forme contournée, en caillou d'Égypte, taillé à cuvette; gorge en argent ciselé à ornements.

97 — Très-jolie boîte de forme carrée, à angles arrondis, en ancienne porcelaine de Saxe, à sujets finement peints dans le style de Watteau; monture à charnière en or de style Louis XV, qui a été exécutée par MM. Leferre frères. Écrin en maroquin.

98 — Charmante petite bonbonnière en ancienne porcelaine de Saxe, décorée d'oiseaux et de fleurs; monture à charnière en or. Écrin maroquin vert russe.

99 — Grande boîte ronde en émail de Saxe fond blanc, à médaillons, Amours peints en grisaille, et quadrilles et rosaces en or en relief; monture à charnière en vermeil.

100 — Boîte de forme carrée, à angles arrondis, en émail de Saxe marbré ; elle est entièrement couverte d'ornements, de guirlandes de fleurs et d'attributs, et montée à charnière, le tout en vermeil. Écrin.

101 — Tabatière carrée en émail de Saxe, décorée de chocs de cavalerie, peints en camaïeu rouge.

102 — Grande et belle boîte carrée, ornée de six panneaux en fer ciselé en relief sur fond damasquiné d'or, représentant divers sujets mythologiques; travail très-fin du temps de Louis XIV, monture à cage en argent gravé et doré; l'intérieur garni en doublé d'or. Écrin.

103 — Grande boîte ovale en argent doré à ornements et trophées niellés; le couvercle est enrichi d'une médaille d'or de la grande Catherine de Russie. Travail de Toula, du temps de Louis XV. Écrin.

104 — Boîte ronde en argent niellé; le couvercle est orné d'une médaille en argent doré à deux bustes accolés; travail de Toula.

105 — Boîte carrée, en argent doré, à sujets dans le style de Watteau, finement niellés et découpés sur fond doré. Travail de Toula.

106 — Drageoir de forme contournée, en argent repoussé et à ornements ciselés de style rocaille; le couvercle est orné d'une médaille de Henri IV, très-bien conservée. L'intérieur de la boîte est doré. Écrin.

107 — Autre drageoir de forme contournée en argent; le couvercle est orné d'un bas-relief très-fin, représentant le sujet de Persée délivrant Andromède, avec entourage d'animaux et d'ornements variés. Écrin.

108 — Drageoir de forme carrée en argent; le couvercle est orné d'une bacchanale très-finement gravée sur cuivre. Écrin.

109 — Boîte de forme longue en argent, offrant en relief un personnage debout sur un fond de cabaret animé de figures. Travail anglais.

110 — Drageoir carré en argent doré ; le couvercle orné, dans un médaillon, du sujet de la fable du Renard et de la Cigogne, avec bordure ornementée.

111 — Boîte de forme carrée en argent gravé à mille raies, avec bordures et attributs rapportés en or de couleur. Travail français du temps de Louis XV.

112 — Boîte de forme oblongue en argent gravé, à bordures et bouquets de fleurs rapportés en or. Travail moderne. Écrin.

113 — Grande boîte ronde et contournée en argent; le couvercle orné d'un sujet de chasse repoussé. Époque Louis XV.

114 — Petite boîte ovale à ressort, en argent gravé et doré; le couvercle contient une monnaie de cuivre du temps de Henri IV.

115 — Tabatière formée d'une carapace de tortue, montée à charnière et doublée en vermeil.

116 — Drageoir ovale en écaille; le couvercle orné d'un petit danseur de corde sous un dais, avec rinceaux finement ciselés, le tout en argent découpé à jour et draperie émaillée vert ; la charnière en argent à ornements découpés de même. Époque Louis XIV.

117 — Boîte ovale et longue en écaille, à charnière et ornements sur le couvercle en argent découpé.

118 — Drageoir ovale en écaille, le couvercle enrichi d'un bouquet de fleurs en posé or. Charnière en argent doré.

119 — Autre drageoir ovale en écaille, à ornements sur le couvercle piqués d'or ; à l'intérieur se trouve un miroir.

120 — Petite boîte carrée en écaille piquée d'or.

121 — Drageoir carré ; le pourtour en argent, le dessus en écaille blonde, enrichie d'ornements et de rosaces en posé or du temps de Louis XIV ; le fond formé par une feuille d'écaille.

122 — Belle boîte de forme ronde à contours, enrichie de quantité de panneaux de vieux laque fond d'or, à sujets de marine, animaux, paysage, etc.; monture à cage et à gorge à charnière en or, signée Gouers, à Paris. Époque Louis XV. Écrin.

123 — Jolie boîte de forme carré-long en écaille, à sujets chinois sculptés en relief ; montée à gorge et doublée en or, par Vachette. Écrin.

124 — Boîte ronde en écaille, à sujets et ornements chinois finement sculptés en relief.

125 — Boîte carrée en nacre de perles ; le couvercle sculpté à figures, le pourtour à fleurs et oiseaux, le fond uni ; travail chinois, monture à cage en argent.

126 — Boîte de forme oblongue en dent d'éléphant, montée à cage en argent gravé et doré.

127 — Tabatière de même forme, en bois sculpté à sujets divers de personnages en relief ; montée et doublée en argent doré. Écrin.

128 — Autre tabatière en bois sculpté à figures. Travail suisse. Écrin.

129 — Tabatière ovale en bois sculpté à sujets saints.

130 — Bonbonnière ronde en écaille blonde posée et galonnée d'or.

131 — Boîte ronde en vernis de Martin, enrichie d'une peinture sur nacre ; Voltaire couronné.

132 — Boîte ronde en écaille ; le couvercle orné d'une miniature sur ivoire, portrait du cardinal Fesch ; signé J. Parent, 1818.

133 — Boîte ronde en écaille, ornée d'une miniature ovale, portrait de Pierre le Grand dans une bordure en or ciselé à chaînette.

134 — Boîte carrée en écaille, ornée d'une miniature ovale sur ivoire, portrait de mademoiselle Mars; dans une bordure en or.

135 — Boîte ronde en écaille, ornée d'une miniature sur ivoire : portrait de jeune fille tenant une couronne de fleurs; bordure en or.

136 — Boîte ronde en racine de buis, ornée d'une miniature sur ivoire, Psyché et l'Amour.

137 — Boîte carrée en écaille à charnière en or; le couvercle orné d'une vue de Rome par Nicole.

138 — Boîte carrée à angles arrondis, en bois de palmier; le couvercle orné d'un fixé, sujet de chasse par Schmidt.

139 — Boîte ronde en poudre d'écaille, ornée d'une peinture, paysage avec figures portant la signature de Van Blarenberghe; encadrement en or.

140 — Boîte ronde en écaille, ornée de deux dessins très-fins à la plume, signés Porlier.

141 — Boîte ronde en écaille blonde, ornée de deux dessins à l'encre de Chine. Cette boîte contient un échantillon de pain du temps de la Terreur,

TROISIÈME VACATION

Du Mercredi 6 Mai 1863.

ÉMAUX DE LIMOGES

142 — Joli médaillon ovale, portrait du roi François II, peinture en émaux de couleurs et sur paillon par Léonard Limousin. Bordure en bois noir.

Haut. 8 cent. Larg. 6 cent.

143 — Magnifique médaillon ovale, présentant sur une de ses faces un portrait de religieuse, vue de trois quarts, peint en couleur sur fond noir, bordé par un filet blanc et une bande d'émail bleu sur paillon d'argent. Au revers, un camaïeu d'or de la plus grande finesse, enlevé à la pointe sur émail noir, représente la Vierge au berceau, copiée sur la gravure exécutée par Marc-Antoine, d'après Raphaël. On lit l'inscription suivante tracée, en lettres d'or : AVE : MATER : MATRIS : DEI : Œuvre remarquable de Jean Pénicaud II. M. de Laborde, dans sa notice sur les émaux du Louvre, cite ce médaillon (page 156) comme présentant un exemple des deux manières du maître.

Haut. 8 cent. Larg. 75 millim.

144 — Petite plaque de forme carré-long, présentant le sujet de la Nativité ; peinture de la plus grande finesse en couleurs et sur paillon, par Jean Pénicaud II. Citée par M. de Laborde dans sa notice sur

les émaux du Louvre (page 157). Bordure en lapis et vermeil.

Haut. 4 cent. Larg. 67 millim.

145 — Plaque carrée, belle peinture en grisaille sur fond noir rehaussée d'or; la mise au tombeau, d'après Sébastien del Piombo. Nous attribuons cet émail à Kip. Bordure en argent à rinceaux découpés à jour. Collections Baron et Van Os.

Haut. 9 cent. Larg. 65 millim.

146 — Jolie salière en forme de piédouche, au monogramme I. C. (Jean Courtois); peinture en émaux de couleurs sur paillon et sur fond noir rehaussés d'or; sur le pied se trouvent trois figures représentant la Foi, l'Espérance et la Charité, et un blason entouré de palmes; la cavité est ornée d'un buste de jeune homme à tête laurée. La partie intérieure de la pièce porte des fleurs de lis en or.

Haut. 95 millim.

147 — Deux plaques carrées, peintures en grisaille, chairs teintées sur fond noir, au monogramme P. R. (Pierre Raymond) ; elles sont montées dos à dos dans un encadrement d'argent, avec piédouche en bois noir.

Haut. de chacune des plaques 85 millim. Larg. 78 millim.

148 — Deux plaques carrées ; peinture en grisaille rehaussée de couleurs, au monogramme P. R. (Pierre Raymond). Saint Philippe et saint Jacques entre deux colonnes style renaissance, les bases enrichies de figures. Cadres en bois doré.

Haut. et larg. 135 milim.

149 — Médaillon rond, peinture en grisaille teintée, attribuée à Pierre Raymond, le Christ en croix et les saintes femmes. Bordure en bois sculpté et doré. Collection Commarmond.

Diam. 10 cent.

150 — Médaillon rond, peinture en couleur sur fond noir rehaussé d'or ; saint Louis en costume fleurdelisé et tenant le sceptre de la main gauche. Cette plaque porte en or l'inscription suivante : SANC. LOYS. PRIE. POUR. NOUS.

151 — Deux cuillers, peinture en émaux de couleur, sur paillon et fond noir rehaussé d'or ; au fond de chacune d'elles se trouve une figurine debout. Manches en ébène et montures en argent.

M. de Laborde, dans sa notice sur les émaux du Louvre, cite ces deux pièces (page 322) comme étant de Noël Laudin ; nous les attribuons à Suzanne Courtois.

152 — Plaque carrée, peinture en émaux de couleurs sur paillon et fond noir avec rehauts d'or, au monogramme I. L. (Jean Laudin). Sainte Catherine vue à mi-corps.

153 — Râpe à tabac ; peinture en émaux de couleurs ; dans un médaillon se trouve le sujet de Judith et Holopherne.

154 — Plaque carrée, peinture en émaux de couleurs et sur paillon ; le Christ bénissant. Cette plaque est fracturée.

IVOIRES SCULPTÉS

155 — Grand et beau bas-relief de forme carrée ; Tête de Christ couronné d'épines, entourée de douze petits

médaillons présentant les sujets de la passion ; l'un d'eux porte le monogramme d'Albert Durer ; nous considérons cette signature comme apocryphe. Bordure en bois noir à volets.

Haut. 195 mill. Larg. 13 mill.

156 — Sculpture en haut relief représentant le couronnement de la Vierge. Charmante composition de huit figures. Travail de la plus grande finesse du commencement du xve siècle. Montée en médaillon en argent ciselé à ornements et fleurs repercés à jour. Ecrin.

Haut. 55 mill. Larg. 45 mill.

157 — Joli diptyque offrant les sujets de la nativité et du crucifiement de N.-S. sous des arceaux de style ogival. Travail du xve siècle. Collection Denon.

Haut. 104 mill. Larg. totale 155 mill.

158 — Autre diptyque : La Vierge debout tenant l'Enfant Jésus entre deux anges et le Christ en croix et les saintes femmes. Ces sujets sont placés sous des arceaux de style ogival.

Haut. 18 cent. Larg. 22 cent.

159 — Deux couteaux à manches en ivoire, présentant sur toute leur surface des figurines et des sujets saints très-finement sculptés ; ils sont placés dans une gaîne en bois sculpté offrant des sujets analogues et portant la date de 1624. Garniture en argent gravé et doré.

160 — Enfant debout présentant une grappe de raisin à une panthère assise près de lui. Charmant travail de haut relief que nous attribuons à François Flamand. Bordure en ébène à moulures.

Haut. 9 cent. Larg. 6 cent.

161 — Christ en croix, jolie sculpture de ronde bosse, dans une bordure en bois sculpté et doré.

Haut. du Christ 35 cent.

162 — Petit Christ en croix, travail de ronde bosse ; le Christ et la croix sont pris dans la masse. Ecrin.

Haut. totale 17 cent.

163 — Statuette de mendiant agenouillé jouant de la cornemuse. Travail de ronde bosse. Socle carré à moulures en bois noir. Collection Debruge.

Haut. de la figure 15 cent.

164 — Buste de Diane de Poitiers ; travail moderne de ronde bosse, sur socle en bois sculpté.

Haut. du buste 11 cent.

165 — Tête de mort dont la moitié n'est pas encore dégarnie de ses chairs ; travail très-fin de ronde bosse. Socle en bois noir à moulures orné de plaques d'argent portant des inscriptions latines gravées.

166 — Grain de chapelet offrant sur une de ses faces une tête de Christ et sur l'autre une tête de Vierge. Socle en bois noir tourné.

167 — Petit groupe sculpté en ronde bosse ; le Christ mort sur les genoux de la Vierge.

Haut. 8 cent.

168 — Flacon en forme de cœur dont les deux faces présentent des sujets mythologiques sculptés en relief. Piédouche en bois noir.

169 — Manche de couteau très-curieux, offrant à sa partie supérieure les figures d'Adam et d'Eve, devant un ange, et à sa partie inférieure, cinq figurines debout et couronnées tenant divers instruments.

170 — Petite figurine de génie nu assis.

Haut. 6 cent.

171 — Jolie râpe à tabac du temps de Louis XIV, offrant sur une de ses faces Jupiter et Junon, et sur l'autre, Venus au bain et un blason.

172 — Médaillon ovale offrant sur ses deux faces des sujets saints sculptés en bas-relief ; bordure en bois noir à moulures.

173 — Saint personnage sculpté en bas-relief, dans une bordure en bois noir et têtes de chérubins en argent.

174 — Le Christ couronné d'épines ; jolie sculpture de haut relief ; bordure en bois noir de forme cintrée à moulures.

175 — Bas relief carré, la Vierge et l'enfant Jésus, dans une bordure en bois sculpté et doré.

176 — Médaillon rond en bois noir garni en argent, offrant à son centre une tête de Christ, autour de laquelle se trouvent douze petits médaillons à têtes de saints.

177 — Médaillon ovale offrant le sujet, sculpté en bas-relief, de la Descente de croix ; la bordure ainsi que le fronton sont pris dans la masse.

178 — Médaillon rond offrant en relief une tête d'homme à longue chevelure. Epoque Louis XIII.

179 — Deux pièces : tête de Christ et tête de mort, sculptées en haut relief.

180 — Christ sculpté en ronde bosse ; les pieds et les bras manquent.

181 — Mortier et son pilon sculpté à fleurs et ornements divers. Travail indien.

BOIS SCULPTÉS

182 — Deux médaillons ronds provenant d'un grain de chapelet ; ils offrent deux sujets sculptés en bas-relief : le Christ mort et les saintes femmes, et la donatrice agenouillée aux pieds de la Vierge. Travail très-fin du commencement du XVIe siècle. Monture en argent. Ecrin. Collection Cottreau.

183 — Très-petit monument de forme carrée dont les quatre faces offrent en bas relief des épisodes de la vie du Christ. Travail très-fin du XVIe siècle. Socle en bois noir.

Haut. sans le socle 3 cent.

184 — Beau médaillon rond; buste d'homme finement sculpté en bas-relief sur buis. Il porte l'inscription suivante réservée en relief : M. GOEDART. VAN. DEN. WEIER. WAS. 36. IAIR. ALT. 1542. Bordure en bois noir à moulures.

Diam. sans la bordure 72 mill.

185 — Autre médaillon rond. Buste d'homme en bas-relief, il porte l'inscription suivante gravée : VON. GO. GN. GEORG. MARCRAF. ZV. BRANDENBURG.

Diam. 55 millim.

186 — Buste en haut relief du roi Gustave-Adolphe en riche costume, sculpté sur buis et appliqué sur fond de bois, travail du temps. Bordure en bois noir à moulures.

187 — Médaillon ovale offrant en relief le buste d'un jeune homme. Sur le fond se trouve le monogramme C. K. et la date 1654. Bordure en écaille.

188 — Joli bas-relief en buis sculpté offrant le sujet de l'Ascension de la Vierge; charmante composition de dix-huit figures. Cette pièce porte le monogramme d'Albert Durer et la date 1527. Bordure en marqueterie des trois parties. Nous considérons la signature comme apocryphe.

189 — Belle statuette de Vulcain assis; il s'appuie sur une enclume et tient un marteau. Joli travail de ronde bosse. Socle en porphyre rouge oriental, avec base et tors de lauriers en bronze doré.

Haut. sans le socle 11 cent.

190 — Charmante petite statuette; la Vierge debout tenant l'Enfant Jésus sur son bras gauche. Elle est placée sous un cylindre de verre avec base et couvercle en argent. Hauteur de la statuette, 75 millim.

191 — Jolie croix archiépiscopale, offrant sur ses deux faces quantité de sujets saints composés d'un grand nombre de figures, sculptés en bas-relief; socle en bois noir.

192 — Petite croix en bois sculpté et repercé à jour, à figures et monuments. Travail gréco russe. Socle en bois noir.

193 — Petit diptyque, sculpté à figures et repercé à jour. Même travail.

194 — Deux médaillons ronds, sculptés en bas-relief et repercés à jour; l'un offrant le sujet de saint Georges terrassant le dragon; l'autre, la Visitation. Même travail.

195 — Deux bas-reliefs de forme carré long; Hercule et le lion de Némée, et Hercule et Cerbère. Bordures en bois à moulures.

196 — Couteau dont le manche en bois sculpté est orné de quantité de figurines sculptées en relief et portant le nom de B. POLANUS et la date de 1678. Gaîne en cuir.

197 — Couteau dont le manche en bois sculpté est orné de la statuette de Judith tenant la tête d'Holopherne.

198 — Fuseau en bois sculpté, enrichi de figurines d'enfants repercées à jour.

199 — Petit manche formé des deux figures d'Adam et d'Ève.

200 — Râpe à tabac en forme de nacelle, en bois sculpté, enrichie de mascarons et d'une figure. Elle porte l'inscription suivante : *Rien de plus inconstant.*

201 — Jolie poivrière en forme de gourde, finement sculptée, à bustes, mascarons, cariatides et ornements divers. Epoque Louis XIV,

202 — Autre poivrière sculptée, à figures en haut-relief, dans le style de Téniers.

203 — Gaîne de couteau, offrant divers sujets tirés de la vie du Christ sculptés en bas-relief.

204 — Petite boîte en forme de soulier, à ornements divers sculptés en bas-relief. Charnière en or,

205 — Joli Christ en buis sculpté. Hauteur, 35 cent.

SCULPTURES DIVERSES ET BRONZES D'ART

206 — Calcaire compacte à grain fin (pierre de Kehlheim). Bas-relief. — Buste de Wiltberg, vu à mi-corps; chantre du dôme de Worms, daté de 1570. École de Nuremberg. Collection Debruge.

Haut. 10 cent. Larg. 75 millim.

207 — Même matière. Bas-relief. Buste de femme en costume et coiffure du XVIe siècle. Travail de la plus grande finesse sur fond doré.

Haut. 3 cent. Larg. 23 millim.

208 — Marbre blanc. Buste d'enfant; charmante sculpture attribuée à Germain Pilon; sur socle en marbre inscrusté de mosaïque. Collection Cottereau.

Haut. totale 28 cent.

209 — Cire. Médaillon rond. Buste en relief de Marie de Médicis; modelé sur cire et rehaussé de couleurs et de perles.

210 — Cire. Médaillon rond. Buste en relief d'un des fils de Côme Ier, modelé sur cire et rehaussé de couleurs.

211 — Terre cuite. Haut-relief. Le Christ au poteau. Beau travail italien du XVIe siècle.

Haut. 16 cent. Larg. 8 cent.

212 — Terre cuite. Etudes de bras et de tête d'enfant dans le style de François Flamand.

213 — Corne. Vase à boire dont le pied est formé de trois boucs dont la partie antérieure du corps repose sur des enroulements.

Haut. 26 cent.

214 — Bronze français du temps de Louis XIV. Beau groupe. Vénus taquinant l'Amour. Elle est assise sur son char et tient sur ses genoux l'Amour, auquel elle présente un arc qu'il ne peut atteindre. A ses pieds deux colombes. Socle carré à gorge, en bois noir, garni de bronzes dorés, de l'époque.

Haut. du groupe, sans le socle, 45 cent.

215 — Bronze florentin du XVIe siècle. Statuette de Vénus sortant du bain; travail très-fin. Socle en marbre griotte d'Italie. Collection Irisson.

Haut. de la statuette, 25 cent.

216 — Bronze de patine verte. Joli buste d'enfant; les yeux sont en argent. Socle en albâtre oriental garni de bronzes dorés.

Haut. 14 cent.

217 — Bronze italien du XVIe siècle. Statuette de Bacchus enfant.

Haut. 14 cent.

218 — Argent. Charmante petite statuette : Hercule debout portant sa massue, d'après l'antique. Collection de M. le marquis d'Aligre.

Haut. 85 millim.

219 — Bronze de la Chine. Deux petits vases, forme balustre, enrichis d'ornements gravés, à deux anses, à anneaux mouvants et munis d'une belle patine. Socles carrés en marbre grand antique.

Haut. 16 cent.

220 — Bronze de la Chine. Vase en forme de gobelet, incrusté d'ornements et de caractères en argent.

Haut. 9 cent.

221 — Bronze. Médaillon rond, buste de Louis XIV en haut-relief, par Bertinet; au revers, plaque de cuivre gravée, portant les L couronnées de Louis XIV, et la devise : *Regia munificentia.* Bordure en cuivre doré.

MATIÈRES PRÉCIEUSES

222 — Cristal de roche. Buste gravé en creux sur cristal de roche de l'amiral de Ruyter. Beau travail au monogramme F. H. V. Bordure ovale à ruban, en vermeil.

223 — Cristal de roche. Joli petit vase taillé à pans, monté à pied et à anse émaillés.

224 — Jade verdâtre. Jolie coupe ronde taillée à lobes, et à deux anses à dragons, pris dans la masse et repercés à jour. Travail chinois.

225 — Jade vert. Agrafe finement gravée, à dragons repercés à jour. Travail chinois.

226 — Jade blanc. Charmante petite statuette d'enfant debout, tenant entre ses jambes un jouet à roulette et à tête de cheval. Travail chinois.

227 — Jade blanc verdâtre. Petit plateau carré, de travail chinois; monté sur un socle à quatre pieds en vermeil.

228 — Deux petites lionnes couchées, en marbre, formant presse-papier.

OBJETS DIVERS

229 — Beau Christ en bronze doré, la *tête* est ceinte d'une couronne fleuronnée; les cuisses couvertes d'une espèce de tunique. Ouvrage du XIe au XIIe siècle, fort remarquable par la ciselure et la finesse des détails. Les pieds ne sont pas croisés, mais posés sur une tablette, particularité rare qui atteste la date de son exécution. Collection Piot.

230 — Fragment de forme cintrée en cuivre émaillé, à rosaces. Travail de Limoges du XIIIe siècle.

231 — Petit repoussé sur fer, de l'époque de la Renaissance, offrant à son centre une figurine de guerrier debout.

232 — Trois pièces : deux couteaux et une clef en fer. Travail du XVIe siècle.

233 — Râpe à tabac en acier bleui, damasquiné d'or et d'argent, à ornements et à blason.

234 — Joli verre de Venise à côtes horizontales parallèles, filigrané d'émail blanc en hauteur.

235 — Deux petites burettes en verre de Venise filigrané.

236 — Flacon en forme de bouteille, en verre de Venise filigrané.

237 — Calice en cuivre repoussé, la coupe en argent. Travail du XVIe siècle.

238 — Autre calice, de travail analogue.

239 — Petit cadre en argent, contenant des écritures et des dessins microscopiques.

240 — Béquille de canne en ancienne porcelaine de Saxe à tête de femme.

241 — Petite boîte à quatre lobes, en ancien laque du Japon, à paysages en relief, dorés sur fond noir.

242 — Petit brûle-parfums de forme cylindrique, en ancien laque du Japon, à décors d'or et treillis d'argent sur fond noir.

243 — Petit plateau en ancien laque du Japon, à paysage doré sur fond noir, et bords aventurinés.

244 — Petit plateau à quatre lobes en émail de Chine, à sujet de personnages sur fond blanc.

245 — Divinité chinoise assise, en nacre de perles.

246 — Petite tasse en ancien blanc, à figures et arbustes laqués. Travail de Dresde. Monture en vermeil.

247 — Petit plateau, forme feuille en ancien céladon vert d'eau et chauve-souris en relief, monture en filigrane d'argent doré. Collection Debruge.

248 — Plateau et petite boîte en forme d'oiseaux, en ancienne porcelaine de Chine, décorée en bleu sur fond blanc. Collection Debruge.

249 — Deux petits vases en ancien céladon blanc truité, montés en guise d'aiguières en bronze doré.

250 — Petit vase en forme de bouteille, de même porcelaine, monté en bronze doré.

251 — Petit vase en porcelaine, haricot rouge, monté en bronze doré.

252 — Grand vase couvert, de forme hexagone, en ancienne porcelaine de Chine, décorée de fleurs et d'oiseaux sur fond blanc; monté à consoles, en bronze doré. Epoque Louis XVI.

253 — Deux grands vases carrés, en porcelaine de Chine, à décors de personnages; montures à pieds et gorges en bronze doré.

254 — Jolie petite pendule Louis XVI en bronze doré et marbre blanc.

255 — Deux flambeaux Louis XV en bronze doré.

256 — Jolie console en acajou incrusté de cuivre, à fond de glace et à deux tablettes de marbre blanc, garnie de cuivres dorés. Epoque Louis XVI.

257 — Deux petites encoignures en bois d'acajou et tablettes en marbre blanc.

258 — Joli petit meuble en acajou, à tiroirs, pouvant servir à renfermer une collection de tabatières.

259 — Petit guéridon à trois pieds, en acajou et tablette en marbre grand antique.

260 — Modèle de sarcophage en marbre rouge. Le bouton du couvercle formé par un hibou en bronze.

261 — Petite statuette du duc de Berri en bronze doré sur socle en malachite.

262 — Trois bas-reliefs en bronze, dont deux à sujets de jeux d'enfants.

263 — Un lot de médailles en bronze.

264 — Deux vases en verre de Bohême; l'un d'eux à anse et gravé, l'autre en forme de flacon, à fleurs émaillées.

265 — Deux petits bustes en bronze, sur socles en marbre bleu turquin : Frédéric le Grand et Washington.

266 — Boîte à jeu en laque, garnie de ses marques en nacre.

267 — Deux petits vases étrusques, décorés de personnages en rouge sur fond noir.

268 — Un lot de jolis petits socles en porphyre rouge oriental, et autres; l'un d'eux garni de bronzes du temps de Louis XVI.

269 — La Vierge et l'Enfant Jésus; joli bas-relief en terre cuite, appliqué sur marbre noir.

270 — Miroir contenu dans une boîte en bois sculpté, fermant à emboîtage.

QUATRIÈME VACATION

Du Jeudi 7 Mai 1863.

CAMÉES ANTIQUES ET AUTRES

271 — Agate orientale. La famille d'Auguste, beau camée antique composé de quatre bustes accolés par deux, et en regard; bague.

272 — Cornaline onyx. Camée, représentant un temple; à droite la statue d'une divinité sur un autel, et à gauche deux personnages montant les marches du temple; bague.

273 — Sardoine à trois couches. Camée, deux petits enfants jouant, dont l'un se cache derrière un masque scénique; bague.

274 — Sardoine à deux couches. Camée, fragment, un génie ailé dirigeant une nacelle, dont il n'existe plus que la moitié; bague.

275 — Sardoine à quatre couches. Camée, petite tête de bacchante profil à gauche, couronnée de pampres; bague.

276 — Agate onyx à deux couches. Camée, jolie composition de quatre figurines, dont Vulcain forgeant des flèches à l'Amour; bague.

277 — Sardoine à deux couches. Camée, nymphe couchée; bague.

278 — Agate onyx à deux couches. Camée, jolie tête de Niobé vue de trois quarts; bague.

279 — Agate à deux couches. Camée, Jupiter Sérapis assis sur un trône, de chaque côté duquel des esclaves debout tiennent des chevaux, inscription grecque; bague.

280 — Agate saphirine. Camée, masque scénique ; bague.

281 — Agate orientale à deux couches. Camée, femme debout et drapée, fracturée dans le champ ; bague.

282 — Agate blanche. Camée du XVIe siècle, figurine et animal chimérique, fracturée ; bague.

283 — Agate orientale à deux couches. Camée, fragment, tête de Cérès, profil à gauche; médaillon.

284 — Agate à deux couches. Camée, Cléopâtre vue à mi-corps, profil à droite ; épingle de chemise. Provient de chez Mme la comtesse du Cayla.

285 — Agate orientale. Camée, tête de Sénèque, vue de trois quarts; médaillon.

286 — Agate à deux couches. Camée, Hercule enfant, debout; bague.

287 — Cornaline orientale. Camée, tête d'enfant de face; bague or émaillé.

288 — Agate orientale à deux couches. Portrait de Washington, profil à droite, par Amastini; bague.

289 — Agate orientale à trois couches. Camée, buste de femme, profil à gauche; bague.

290 — Agate orientale à trois couches. Camée, buste de Pâris, profil à droite; épingle de châle.

291 — Agate onyx à trois couches. Camée antique, Victoire sur un char triomphal traîné par cinq chevaux. On lit une inscription dans la couronne que tient la Victoire. (Collection Van Os.) Médaillon en or.

292 — Coquille. Camée du XVIe, chasse et danse de bergères au son de la musette ; épingle de châle.

293 — Coquilles. Deux camées, lion de Saint-Marc, et Sainte Famille ; médaillons.

PIERRES GRAVÉES EN CREUX

294 — Cornaline. Intaille sur scarabée, cheval marin; bague antique en or.

295 — Onyx oriental à deux couches. Intaille, Hercule jeune, debout, sous ses pieds le lion de Némée; bague tournante.

296 — Sardoine. Intaille sur scarabée, combat de deux guerriers etrusques ; bague tournante.

297 — Sardoine. Intaille, vieux faune marchant et portant une amphore; bague tournante.

298 — Nicolo antique. Intaille, fragment, masque scénique restauré en or fin ; bague.

299 — Sardoine. Intaille, taureau de Farnèse ; bague tournante.

300 — Sardoine. Intaille, deux têtes de béliers ; bague.

301 — Prime d'émeraude. Intaille, tête d'Omphale coiffée de la peau du lion de Némée; bague.

302 — Agate orientale barrée. Intaille, buste de César ; bague tournante.

303 — Agate orientale. Intaille, lion marchant, tenant un chevreau dans sa gueule ; bague.

304 — Agate orientale. Intaille, assemblée des dieux; bague.

305 — Cornaline. Intaille, Cérès debout; bague.

306 — Jaspe rouge. Intaille, buste de Minerve ; bague.

307 — Agate onix à deux couches. Intaille, Ibis; bague antique en or.

308 — Émeraude. Intaille, tête du Christ; bague.

309 — Agate onyx. Intaille, Hercule enlevant le taureau ; cachet tournant.

310 — Vitrifications. Intailles, deux figures debout; bagues.

311 — Lapis lazuli. Camée, bustes du Christ et de la sainte Vierge, gravés sur les deux faces d'un médaillon monté à rayons.

BIJOUX ET BRILLANTS

312 — Plaques d'or émaillées des deux côtés. Ces deux plaques, de forme oblongue, arrondies par en haut sont réunies par une nervure ; cette jonction est moderne et il y a lieu de penser qu'elles formaient les deux volets d'un petit triptyque.

D'un côté, Charlemagne et saint Louis; de l'autre côté, Pierre II de Bourbon, sire de Beaujeu et Jeanne de France, sa femme, fille de Louis XI. Le prince et la princesse sont à genoux sur un prie-Dieu, ayant debout derrière eux leurs saints patrons saint Pierre et sainte Anne.

Cet émail est exécuté d'après le procédé indiqué par Benvenuto Cellini, dans son *Traité d'orfèvrerie*, chapitre VI.

Hauteur 45 millimètres.
Largeur 37 millimètres.

Travail français de la fin du XVe siècle.

Ces objets précieux et remarquables proviennent de la collection Debruge et sont cités par M. de Laborde dans sa notice sur les émaux du Louvre, page 115.

Voir, pour plus de détails, *Description de la collection Debruge-Duménil*; Paris, 1847, pages 156 et 583.

313 — Pendentif en forme de portique, en or émaillé; au centre Diane et son chien, entourés de beaux ornements entrelacés et enrichis de perles fines; travail du XVIe siècle.

314 — Parure en or émaillé noir et blanc, composée d'un collier, de boucles d'oreilles et d'une croix en cristal de roche montée en or émaillé et enrichie de perles fines.

315 — Médaillon en or émaillé en noir, contenant un jaspe sanguin, gravé des deux côtés en camée, bustes du Christ et de la sainte Vierge; travail du XVIe siècle.

316 — Plaque de bracelet en or, portant au revers un chiffre couronné émaillé en blanc; il contient une miniature sur vélin; portrait d'homme en costume du temps de Louis XIV. Collection Debruge.

317 — Croix or émaillé noir, et le Christ émaillé en blanc, ornée de quatre diamants, travail du XVIe siècle. Collection Debruge.

318 — Médaillon en or, contenant le buste de Pie VII gravé en creux sur cornaline par Louis Pikler.

319 — Bague, rubis d'Orient entouré de dix brillants recoupés.

320 — Bague demi-jonc, ornée de cinq brillants recoupés.

321 — Épingle, opale de Hongrie entourée de douze brillants recoupés.

322 — Épingle, beau brillant recoupé.

323 — Épingle, beau brillant recoupé.

324 — Boutons de chemise, formés de deux brillants recoupés.

325 — Montre en or émaillé gros bleu et à blason, Louis XV.

326 — Montre et sa clef en or émaillé gros bleu, enrichie de roses et à médaillon, jeune fille. Epoque Louis XVI.

327 — Montre or émaillé, sujet champêtre, et double entourage de perles fines. Epoque Louis XVI.

327 *bis* — Montre du temps de Louis XVI, en or émaillé gros bleu, accompagnée d'une châtelaine en or ciselé.

327 *ter* — Autre montre, sa châtelaine et ses breloques du temps de Louis XVI, en or émaillé et enrichies d'émeraudes et de perles fines.

328 — Étui en or guilloché et cordons ciselés, Louis XV.

329 — Étui en or uni et cordons à pois. Epoque Louis XV.

330 — Boîte à mouche, forme carrée, en or, garnie en peau de chagrin et agate au centre. Epoque Louis XV.

331 — Cassolette ovale en or, à fleurs et ornements en or de couleur.

332 — Bague, ornée d'un camée turquoise entouré de brillants.

333 — Croix en argent, enrichie de roses d'Anvers.

334 — Épingle en or, cheval au trot.

335 — Épingles : trois pièces ornées de topaze et d'opales.

336 — Épingles : trois pièces ornées d'émaux et mosaïque.

337 — Sept pièces en or, cachets, clef, boucles, etc., etc.

338 — Épingle de châle, montée en or et enrichie d'une gouache, bouquet de roses, par Van Dael.

339 — Croix en cornaline montée en or.

ORFÉVRERIE

340 — Ostensoir en argent, doré en partie, d'une belle composition, riche d'ornements et à têtes de Chérubins. Epoque Louis XIV.

341 — Vidrecome en vermeil repoussé, à trois médaillons, l'empereur Léopold d'Allemagne, sa femme et son fils, et beaux ornements et fleurs.

342 — Coffret hexagone en filigrane d'argent et pierreries.

343 — Boîte cylindrique en vermeil, recouverte de beaux ornements à feuillages émaillés. Epoque Louis XIII.

344 — Petit encensoir en filigrane d'argent doré et émaillé et garni d'émeraudes. Collection Debruge.

345 — Petite niche à deux volets en argent doré et émaillé, contenant à l'intérieur une sainte Vierge en bois sculpté.

345 *bis* — Très-beau pot à eau en argent repoussé, à ornements. Epoque Louis XV.

346 — Belle saucière du temps de Louis XVI, en argent; l'anse est formée par une tête d'aigle.

346 *bis* — Boîte ovale en argent repoussé; autour paysage et animaux; sur le couvercle, le Songe de Jacob.

347 — Étui à dé et à aiguilles, en vermeil ciselé, à rinceaux et à poussoir en brillant.

348 — Tête de mort en argent formant boîte.

349 — Deux cuillers en argent, ornées de figurines et à entrelacs.

350 — Fourchette à manche à ornements incrustés d'or.

351 — Pomme de canne, en argent repoussé, à médaillons et à ornements.

352 — Deux médaillons finement gravés sur argent. Adam et Ève tentés par le Serpent, et l'Adoration des Mages. Collection Debruge.

353 — Très-beau repoussé sur argent, la Flagellation du Christ, travail italien du XVIe siècle. Ce haut-relief est placé dans un monument d'ébène, à colonnes détachées et fronton découpé enrichi d'incrustations de pierres dures.

354 — Très-beau médaillon en argent repoussé, de forme contournée; composition de nombre de figures. Martyre de saint Laurent, d'après Lesueur; entouré de beaux ornements repercés à jour.

355 — Médaillon ovale en argent, contenant la sainte Vierge et de beaux ornements en buis sculpté.

356 — Médaillon ovale en filigrane d'argent, contenant un sujet saint, peinture sous cristal de roche.

357 — Médaillon ovale en filigrane d'argent et fleurettes, émaillées couleur turquoise.

358 — Deux repoussés en argent, sujets saints, dont l'un encadré d'ornements découpés à jour.

359 — Croix en argent, le Christ entouré d'anges.

360 — Almanach en argent finement gravé et de forme triangulaire.

361 — Petite statuette équestre en argent, Henri IV; sur socle en lapis lazuli.

362 — Petit coffret en filigrane d'argent, à couvercle bombé. Travail de Gênes.

363 — Petit sanglier en argent, sur socle en lapis lazuli.

364 — Plaque de forme carrée, en cuivre doré, à sujets saints, peints des deux côtés.

365 — Verre à piédouche et son plateau, recouverts d'ornements en argent, découpés à jour, travail moderne.

366 — Christ à la colonne, magnifique travail en repoussé d'argent; la colonne, d'ordre ionique, en bronze doré. Collection Van Os.

367 — Boîte carrée en forme de livre, couverte d'ornements en repoussé d'argent, et découpés à jour.

368 — Petit carnet en peau de chagrin, garni en or.

369 — Médaillon rond en argent repoussé. Sujet mythologique.

370 — Cadre octogone en argent doré et émaillé à fleurs, contenant des peintures à sujets saints, sur aventurine de Venise.

370 *bis* — Joli moutardier en argent repoussé, à figurines et guirlandes de fleurs. Époque Louis XVI.

371 — Six médailles en argent de différents règnes.

372 — Jolie pipe en bois sculpté, ornée de figurines, de cariatides et de cygnes. Le couvercle est formé par un dragon en argent.

373 — Autre pipe en bois sculpté, à figures, garnie de même en argent.

374 — Une autre, en écume de mer, garnie d'ornements en argent, gravés et repercés à jour.

375 — Deux petits flacons sur plateaux de forme ronde, en filigrane d'argent, enrichis d'ornements émaillés. Travail chinois.

CINQUIÈME ET SIXIÈME VACATIONS

Des Vendredi 8 et Samedi 9 Mai 1863.

MINIATURES ET PEINTURES

SUR VÉLIN, SUR CUIVRE, SUR IVOIRE ET SUR ÉMAIL.

376 — Claude de France, femme de Francois Ier; charmante miniature de l'époque sur vélin. Dans un médaillon rond en argent.

377 — Antoine de Bourbon, père de Henri IV ; très-belle miniature sur vélin de l'époque. Bordure carrée en ébène à moulures.

378 — Isabelle-Claire-Eugénie d'Autriche, infante d'Espagne, fille de Philippe II; miniature de la plus grande finesse à l'huile et sur cuivre; dans un médaillon en peau de chagrin clouté d'or, et bordure intérieure en argent gravé repercé à jour.

379 — Marguerite, reine d'Espagne, femme de Philippe III; jolie peinture à l'huile de l'époque. Bordure carrée en ébène à moulures.

380 — Charles Ier, roi d'Angleterre; miniature ovale très-fine sur vélin, de l'époque; dans un écrin en peau de chagrin clouté d'or avec bordure intérieure en argent gravé repercé à jour.

381 — Henriette de France, femme de Charles 1er ; charmante miniature à l'huile de l'époque. Bordure en écaille.

4

382 — Le maréchal et la maréchale d'Ancre (Léonore Galigaï) ; peintures à l'huile sur cuivre de l'époque, dans des médaillons ovales en argent. Très-rares.

383 — Portrait de jeune homme de l'époque de Henri II ; miniature ovale sur vélin ; dans un écrin en peau de chagrin clouté d'argent.

384 — Très-joli portrait de femme en riche costume blanc du XVIe siècle ; peinture à l'huile sur cuivre, bordure carrée en ébène à moulures.

385 — Portrait du duc de Montmorency ; jolie miniature ovale sur vélin, dans un médaillon en argent.

386 — Portrait de femme dans un riche costume à fraise ; miniature ovale sur vélin dans un médaillon en argent.

387 — Portraits d'homme et de femme en costumes du XVIe siècle ; miniatures ovales sur vélin. Travail anglais. Dans une boîte ronde en ivoire guilloché.

388 — Portrait d'homme ; jolie miniature ovale sur vélin, XVIe siècle ; dans un médaillon en argent.

389 — Portrait du roi Louis XIII ; miniature ovale de l'époque sur vélin ; bordure en écaille ;

390 — Portrait de Henri de Lorraine, duc de Guise ; charmante miniature sur vélin. Bordure carrée en bois sculpté et doré.

391 — Portrait de femme, jolie miniature ovale sur vélin du temps de Louis XIII ;

392 — Portrait de l'empereur Rodolphe d'Allemagne ; très-belle peinture à l'huile sur cuivre portant le monogramme G et la date de 1659. Bordure en ébène à moulures.

393 — Portrait de femme en costume du XVIe siècle; peinture à l'huile sur cuivre ; dans une bordure en cuivre émaillé noir et blanc.

394 — Portrait du roi Henri IV; peinture à l'huile sur cuivre. Bordure ovale à moulures.

395 — Portrait de Jean Sobieski, roi de Pologne; miniature sur vélin; bordure ovale en bois noir à moulures.

396 — Portrait de Philippe III d'Espagne ; peinture à l'huile sur cuivre ; bordure en vermeil.

397 — Portrait du duc de Bellegarde, favori de Henri III; miniature ovale sur vélin.

398 — Portrait de Marie-Thérèse ; très-petite et très-fine miniature sur vélin, par PETITOT. Etui en galuchat.

399 — Portrait de la reine Anne d'Autriche; belle miniature carrée sur vélin, par PETITOT. Au bas se trouvent des vers à sa mémoire.

400 — Portrait de femme de l'époque de Louis XIV ; miniature très-fine sur vélin, du temps. Bordure en vermeil.

401 — Grande et belle miniature carrée sur vélin ; portrait du roi Louis XIV en grand costume de guerre et monté sur un cheval blanc. Elle est signée Mlle DHEUDICOURT. Bordure du temps en bois sculpté et doré.

402 — Très grande et très-belle miniature carrée, sur vélin; portrait du maréchal de Turenne en grand costume de guerre et à cheval ; au-dessus de lui, une figure de génie tient de la main gauche divers drapeaux et de la droite le drapeau blanc fleurdelisé. Cette miniature est signée P. SEUIN, 1670. Bordure en bois doré à moulures.

403 — Belle miniature carrée sur vélin, signée FRANC.ERTINGER ; portrait de l'artiste peint en couleur montrant du doigt un tableau posé sur son chevalet et qui représente, dessinés à l'encre de Chine, un lion et des figures de génies. Au bas se trouve une inscription latine et au revers la gravure par LE POUTRE de ladite miniature.

404 — Portrait de Regnard ; belle miniature ovale sur écaille ; bordure en bronze doré.

405 — Portrait du père Cotton, belle peinture à l'huile sur cuivre.

406 — Miniature ovale sur vélin ; portrait d'homme du temps de Louis XIV. Ecrin en peau de chagrin.

407 — Miniature ovale sur vélin ; Portrait du duc de La Rochefoucauld, fils de l'auteur des *Maximes* Dans un écrin en peau de chagrin à chiffres et couronnes cloutés d'or.

408 — Portrait de Charles-Emmanuel, duc de Savoie ; peinture à l'huile sur cuivre.

409 — Portrait de Catherine d'Autriche ; peinture à l'huile sur cuivre.

410 — Portrait de l'impératrice Marie-Thérèse d'Autriche ; belle miniature ovale sur ivoire. Bordure en bois sculpté et doré.

411 — Portrait de madame de La Suze ; peinture à l'huile sur cuivre.

412 — Portrait de Lavardin ; peinture à l'huile sur cuivre.

413 — Portrait de madame la duchesse de Nemours, d'après Rigault ; miniature ovale sur vélin.

414 — Portrait du maréchal de Marillac ; miniature ovale sur ivoire.

415 — Portrait de Moreau de Maupertuis; miniature ovale sur vélin.

416 — Portrait de Jean-Casimir, roi de Pologne ; miniature ovale sur vélin.

417 — Miniature carrée sur ivoire ; portrait de la femme de Rubens.

418 — Portrait du roi Louis XV; jolie miniature ovale sur ivoire, par Sicardi , dans un médaillon en or et bordure en écaille. Collection Debruge.

419 — Portrait du duc d'Orléans (Philippe-Egalité) ; jolie miniature carrée ; bordure Louis XVI en bronze ciselé et doré. Collection Debruge.

420 — Portrait de jeune fille ; charmante miniature ovale sur ivoire, par FRAGONARD. Bordure Louis XVI en bronze doré.

421 — Portrait de jeune garçon ; jolie miniature ovale par FRAGONARD. Bordure à feuilles de lauriers ciselées.

422 — Portrait de madame Geoffrin ; miniature ronde sur vélin, dans une bordure en or ; elle est signée R. MUSSAN.

423 — Portrait de TOURON, peint par lui même ; magnifique peinture sur émail dans une bordure en or ciselé.

424 — Portrait de jeune fille vue à mi-corps, jolie peinture sur émail, par COURTOIS ; bordure en or ciselé à chaînette.

425 — Petit médaillon rond peint sur émail, portrait d'abbé.

426 — Grande miniature ronde sur ivoire, portrait de jeune fille, d'après GREUZE.

427 — Très-belle miniature ovale sur ivoire, portrait de Mlle Alexandrine, peintre romaine, signé DUMONT à Rome ; bordure en or.

428 — Autre belle miniature ovale sur ivoire, portrait de jeune femme, le sein droit découvert, par AUGUSTIN, 1790 ; écrin en galuchat.

429 — Portrait de l'Empereur Napoléon Ier, miniature ovale sur ivoire.

430 — Grande et magnifique miniature carrée, à angles coupés, sur ivoire, portrait de l'Impératrice Joséphine, par QUAGLIA, 1814 ; bordure en bronze doré.

431 — Portrait du Roi Charles X, belle miniature ovale sur ivoire, par SAINT, bordure en bronze doré; écrin aux armes de France.

432 — Portrait du Duc de Berry, très-belle miniature ovale sur ivoire, par AUGUSTIN, 1820 ; bordure en bronze doré à couronne de lauriers.

433 — Portrait de M. Guizot, très-belle miniature carrée, par BOUCHARDY, d'après Paul Delaroche.

434 — Portrait de Louis XVII, miniature ovale sur ivoire, signée LABY, 1854 ; bordure en bronze doré au mat.

435 — Très-joli portrait d'homme du temps de Louis XIV, dessiné par Robert NANTEUIL.

436 — Petite boîte ovale contenant deux charmantes petites peintures à l'huile, intérieurs d'églises, signés P. N. (Peter Neff.), 1650.

437 — Très-jolie peinture sur cuivre ; au centre, la crèche entourée d'une couronne de fleurs finement peintes.

438 — Jolie miniature sur vélin du temps de Louis XIV, la Circoncision.

439 — Petite miniature gouachée sur vélin ; à gauche, la Vierge agenouillée, le Christ et saint Jean, à droite, le Pape, Luther et Calvin se battant.

440 — Miniature gouachée, vue d'un port de mer ; travail du XVIIe siècle.

441 — Miniature gouachée, tempête maritime ; pouvant faire pendant à celle qui précède.

442 — Peinture sur verre du XVIIe siècle, choc de cavalerie.

443 à 523 — Quantité de miniatures et portraits peints sur cuivre, sur vélin et sur ivoire, qui seront vendus séparément ou par lots.

524 — On vendra sous ce numéro les objets omis.

N. B. — La sixième vacation, du Samedi 9 Mai 1863, sera complétée par les Objets qui n'auront pu être compris dans les vacations précédentes.

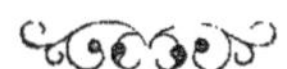

2e Partie.

TABLEAUX

CATALOGUE

D'UNE JOLIE COLLECTION

DE

TABLEAUX

Anciens & Modernes

DES

ÉCOLES ITALIENNE, ESPAGNOLE, FLAMANDE & FRANÇAISE

FORMANT LA COLLECTION

De feu M. SORET

ANCIEN CHEF DE L'ESCOMPTE A LA BANQUE DE FRANCE

dont la vente aura lieu

HOTEL DROUOT, SALLE N° 5

Les Lundi 11 et Mardi 12 Mai 1863, à 2 heures précises.

M

Me **PERROT**, Commissaire-Priseur, place du Pont-Saint-Michel, 5,

Et Me **DELBERGUE-CORMONT**, son Collègue, rue de Provence, 8,

Assistés de **M. Ferdinand LANEUVILLE**, Expert,

rue Neuve-des-Mathurins, 73,

CHEZ LESQUELS SE DISTRIBUE LE PRÉSENT CATALOGUE.

EXPOSITIONS

PARTICULIÈRE : Le Samedi 9 Mai 1863,
DE 1 HEURE A 5 HEURES.

PUBLIQUE : Le Dimanche 10 Mai 1863,
DE 1 HEURE A 5 HEURES.

PARIS — 1863

CONDITIONS DE LA VENTE

Elle sera faite au comptant.

Les Acquéreurs paieront CINQ POUR CENT en sus du prix d'adjudication.

DÉSIGNATION

DES

TABLEAUX

ARROWSHMIT (Ch.)

1 — Vue de l'Église de Montmartre.

ARTOIS (Van)

2 — Troupe de Soldats traversant une forêt marécageuse.

Au loin on aperçoit un château.

ASSELYN (B.)

3 — Paysage montagneux, baigné par une rivière.

Au premier plan, un bac chargé de passagers; plus loin, un pont en ruines conduisant à un fort.

BALEN (Van) et Van **KESSEL**

4 — La Vierge et l'Enfant Jésus, entourés d'Anges.

BARTANGE (L.)

5 — Le Concert.

BAPTISTE

6 — Riche Bouquet de fleurs dans un vase.

BERRÉ

7 — Taureau et Vaches à la prairie.

BERTIN

8 — Diogène et le Berger.
Exposé au Salon de l'an XIII.

BIDAULT

9 — Vue prise à Tivoli.

BOILLY (Père)

10 — Un petit Garçon caressant un chat.

Sur une table près d'eux, un pot de grès et un gigot.

BOILLY (Père)

11 — Portrait d'un Sculpteur faisant un buste de l'Empereur Napoléon Ier.

BOUCHER

12 — Amour jouant avec une colombe.

BOURDON (S.)

13 — Sainte Famille.

La Sainte Vierge debout soutient son divin fils, auquel le petit saint Jean présente une colombe; Saint Joseph et sainte Anne sont près d'eux.

BOURDON (S.)

14 — Adoration des Bergers.

BOURDON (S.)

15 — Portrait d'un Magistrat.

BRAUWER

16 — Un Fumeur.

BREMBERG (B.)

17 — Le Colysée.

Divers groupes sont dispersés dans les ruines.

(Collections Saint-Victor et Perrin.)

BREUGHEL

18 — Fuite en Égypte.

Ovale.

BREUGHEL

19 — Forêt marécageuse.

Plusieurs chasseurs avec leurs chiens sont à l'affût.

CANELLA

20 — Pêcheurs Napolitains.

CASANOVE

21 — Choc de Cavalerie.

CHAMPAGNE (Ph.)

22 — Portrait de Bossuet.

CHARDIN

23 — Le Petit Dessinateur.

CHARDIN (Genre)

24 — Ustensiles de Ménage.

CHARLET

25 — La Lessive de l'Invalide.

COIGNET (S.)

26 — Forêt de Fontainebleau.

COIGNET (S.)

27 — Étude de Hêtre. Fontainebleau.

COIGNET (S.)

28 — Torrent dans les Vosges.

CONSTANTIN (D'après **PAUL VÉRONÈSE**)

29 — Les Noces de Cana.

COQUES (GONZALÈS)

30 — Jeune Femme assise, les mains croisées, vêtue de noir, col et bonnet blancs.

CROOS (N.), 1656.

31 — Vue intérieure d'une Ville de Hollande. Effet d'hiver.

CUYP (Al.)

32 — Portrait de Femme.

Elle est représentée vêtue de noir, les manches à crevés à l'espagnole, une large collerette brodée et des perles entourent son cou; plusieurs rangs d'une chaîne d'or sont jetés sur ses épaules, ses cheveux sont entremêles de guipure.

DAVID

33 — Trois Têtes d'étude pour le Sacre.

DELAROCHE (P.), d'après RUYSDAEL

34 — Vue prise dans les environs de Leyde. Effet d'orage.

DEMARNE

35 — L'Heureux Ménage.

Un bon paysan comtenple avec bonheur sa jeune femme se disposant à allaiter son enfant. Un berceau est près d'eux.

DEMARNE

36 — Une Paysanne montée sur un âne.

Elle cause avec un homme qui marche près d'elle; ils chassent devant eux des vaches et des moutons qu'ils dirigent vers une montagne.

DOES (Van der)

37 — Une Femme assise, et vue de dos, garde quatre moutons.

Un jeune garçon joue avec l'un d'eux.

DROLLING

38 — Les Saltimbanques.

Tandis ques les uns attirent la foule par leurs tours, l autres en profitent pour vendre leurs onguents.

DUBREUIL

39 — Portrait d'Ambroise Spinola.

DURER (Albert, École)

40 — Saint Jérôme.

ELZHEIMER

— Ermite écrivant.

GAROFOLO

42 — La Samaritaine.

Elle est debout devant le puits, Jésus près d'elle assis sur une pierre ; au dernier plan du tableau dans la campagne on aperçoit les saints apôtres.

GÉRICAULT

43 — Les Apprêts de la Course.

Cette belle esquisse a été achetée à la vente de Mme Benoît-Champy, qui la tenait directement de Géricault.

GOYEN (Van)

44 — Paysage traversé par une route montueuse.

Un paysan cause avec une femme assise.

GUARDI

45 — Vue de la Douane, à Venise.

GUÉ

46 — Le Château de Combourg.

C'est dans ce château qu'est né M. de Châteaubriand.

GUERCHIN

47 — Le Départ pour les Croisades.

GUIDE

48 — La Sainte Vierge, l'Enfant Jésus et le petit saint Jean.

GREUZE (D'après)

49 — L'Accordée de Village.

HECK (J. VAN)

50 — Le Départ pour la Kermesse.

HEMLING (S.)

51 — Sous un portique richement sculpté, la Vierge, debout, allaite son divin Fils.

Ce précieux tableau provient de la collection Rattier.

HOLBEIN

52 — Portrait de Henri Guldeforde, contrôleur des hospices sous Henri VIII.

Gravé par Hollard.

HOLBEIN

53 — Portrait d'Homme tenant une bourse.

HONT (M. de), 1668.

54 — Oiseaux, Plantes et Reptiles.

HUE

55 — Vue prise en Italie.

Plusieurs femmes se baignent près d'une cascade s'échappant de quelques rochers; au-dessus, on aperçoit une élégante maison de campagne.

HUYSUM (J. VAN)

56 — Bouquet de Fleurs dans un vase sculpté.

Grisaille.

JUINNE (D.)

57 — Copie du Titien.

KALF (W.)

58 — Intérieur de Cuisine.

KESSEL (VAN)

59 — Fruits posés sur une table.

KEYSER (de)

60 — Homme debout, vêtu de noir, tenant une lettre.

KNYFF (Signé).

61 — Nature morte.

LAFOSSE

62 — Le Vœu de Louis XIII.

Esquisse pour un plafond.

LANCRET (D'après)

63 — Le Jeu des Quatre-Coins.

Sur pierre.

LARGILLIÈRE

64 — Esquisse d'un Tableau exécuté à l'occasion de la convalescence de Louis XIV, en 1687.

Il représente le repas que la Ville donna à ce prince à son retour de Notre-Dame.

L'artiste a fait très-ingénieusement voir le banquet dans une glace; au premier plan, M. de Fourcy, prévôt des marchands, MM. Lenoir, Bessier et Maréchal, échevins, M. Titon, procureur du roi, M. Mittandier, greffier, examinent un plan de l'hôtel de ville et le modèle d'une statue du roi, par Coizevox, aujourd'hui placée dans la cour de l'hôtel.

Le tableau a été donné par M. de Caumartin, prévôt des marchands; il faisait partie d'une suite de tableaux qui ornaient les salles de l'hôtel de ville détruites en 1793

LEFÈVRE (Claude)

65 — Portrait de Jean Warin, graveur en médailles.

LELY (Le Chevalier)

66 — Portrait de Femme.

Coiffée en boucles, riches pendants d'oreilles, pèlerine de fourrure.

Elle tresse une guirlande de fleurs.

LEPICIÉ

67 — Petite Fille en costume de paysanne.

LEPRINCE (X.)

68 — Étude de Chien attelé à une charrette.

LESUEUR (E.)

69 — Un Génie ailé, les genoux en terre, soutient sur sa tête un médaillon entouré de lauriers, représentant Louis XIV.

Autour du portrait d'autres petits génies voltigent en provoquant l'attention du spectateur.

Les figures se détachent sur un rideau bleu, dont un pan retroussé laisse apercevoir la campagne.

MATHIAS (Le Chevalier)

70 — Un Tapis sur une table.

MARTIN PEPIN

71 — La Résurrection du Christ.

MAUZAISSE

72 — Henri IV à cheval.
Esquisse.

MEULEN (Van der)

73 — Chasse de Louis XIV à Meudon.

MEULEN (Van der)

74 — Choc de Cavalerie.

MEULEN (Van der)

75 — Prise d'une Ville.

MEURANT (Em.)

76 — Intérieur de Ferme.
Deux vaches se désaltèrent dans un cours d'eau.

MICHAEL RUDELINDAS

77 — Un Religieux en extase.

MIERIS (G.)

78 — Un Buveur.

MIERIS (G.)

79 — Un Seigneur richement costumé d'un justaucorps brun, à manches jaunes, sur lequel se détache une collerette brodée, tient d'un air satisfait un verre qu'il vient de vider à moitié.

MIREVELDT

80 — Portrait de Femme tenant ses gants.

MIREVELDT

81 — Un Magistrat.

MOLENAERT (S.)

82 — Paysage. Effet d'hiver.

De nombreux patineurs s'exercent sur la glace.

MORO (Antonio)

83 — Sixte Quint.

MORONE

84 — Portrait de Vincent Guarinon.

MOUCHERON (Attribué à)

85 — Intérieur de Parc.

Deux personnages de distinction se promènent près d'une pièce d'eau, plus loin un paysan traverse un pont rustique ; à droite, au-dessus des arbres, on aperçoit un beau château.

MURILLO (D'après)

86 — Un saint Évêque faisant l'aumône à la porte d'une église.

NATUS (B.), 1660.

87 — Un Paysan accompagne sur son violon un joyeux buveur, qui chante en tenant un verre d'une main et sa pipe de l'autre. Un homme, devant eux, les écoute.

NEEF (PETER)

88 — Intérieur d'Église.

NEEF (PETER)

89 — Même Sujet.

NETSCHER (G.)

90 — Portrait d'un personnage de distinction.

Il est vêtu d'une robe de chambre brodée d'or et doublée de rouge.

ORIZONTI

91 — Paysage. Site d'Italie.

OSTADE (AD.)

92 — Un Fumeur.

Il est assis; d'une main il tient une pipe, et de l'autre un pot d'étain.

OSTADE (J. Van)

93 — Paysan saignant un cochon.

Esquisse.

PAGES (D'après DAVID)

94 — Andromaque pleurant la mort d'Hector.

PALLIÈRE

95 — Moines descendant dans le souterrain de leur couvent pour y dire la messe.

PARROCEL

96 — Le Passage du Rhin.

Au premier plan le roi entouré des seigneurs de sa cour.

PENNIS (S.)

97 — Paysage baigné d'une rivière.

PERRIN DEL VAGA

98 — Le Jugement de Pâris.

PERROT

99 — Ile de Nisita. Royaume de Naples.

PINACKER

100 — Paysage. Effet de soleil couchant.

Sur un tertre, au pied d'un arbre, une paysanne est assise tenant la bride d'un cheval blanc, deux moutons, une chienne et ses petits sont couchés près d'elle, au-delà, un homme chemine sur une route.

POEL (Van der)

101 — Intérieur Rustique.

Une vieille femme assise devant sa cheminée avec deux jeunes garçons auxquels elle donne à manger, ne s'aperçoit pas que son chat profite de sa distraction pour lui voler du poisson qu'elle a laissé par terre. Un petit garçon s'empresse de descendre un escalier pour prendre sans doute sa part du repas.

POELEMBURG (C.)

102 — La Vierge, l'Enfant et saint Joseph.

POORTEN (H. Van den)

103 — Trois Moutons à la prairie.

PORBUS

104 — Portrait de Charles IX.

PORBUS (F.), 1565.

105 — Philippe II, roi d'Espagne.

POUSSIN (Genre)

106 — Deux petits Paysages ornés de figures.

POUSSIN (Genre)

107 — Adoration des Bergers.

POUSSIN (Genre)

108 — Le Massacre des Innocents et la Fuite de la Sainte-Famille.

POUSSIN (Genre

109 — Triomphe d'Enfants.

PRUDHON (Genre)

110 — Tête de Petite Fille dans des nuages.

PRUDHON (D'après)

111 — Esquisse pour le Portrait du Roi de Rome.

RAPHAEL (Copie)

112 — Sainte-Famille.
Copie de celle du musée du Louvre.

RAVESTEIN

113 — La reine Marie d'Angleterre, en costume de cour.

REGNIER

114 — Vue prise à Thiers.

ROBERT (H.)

115 — Vue d'un Parc animé de jolies figures.

ROBERT (H.)

116 — Laveuses à la Fontaine.

ROBERT (H.)

117 — Vue prise dans le Parc de Versailles.

ROBERT (Fleury, Rome, 1824)

118 — Un Moine en prières.

ROEHN (Père)

119 — Halte de Soldats devant une hôtellerie.

L'un d'eux fait danser une jeune fille et un jeune garçon au son d'une guitare, un autre cherche à embrasser une servante, un troisième est assis à terre.

REMBRANDT

120 — Vieille Femme s'appuyant sur un bâton.

RÉMOND

121 — Le Château de l'Œuf.

RUYSDAEL (S.)

122 — Paysage Maritime.

A droite, des vaches au pâturage; plus loin, le clocher d'une église.

RUYSDAEL (S.)

123 — Vue d'un Canal de la Hollande.

A droite, un moulin.

RUYSDAEL (D'après)

124 — Vue de Harlem.

SIMPLICE (Fra), dit le Capucin de Vérone, signé.

125 — Sainte-Famille et saint François aux Stigmates.

La Vierge assise sur un fragment d'architecture soutient l'Enfant Jésus, devant eux saint François est à genoux, et prend dans sa main le bras que l'enfant divin étend vers lui en souriant ; saint Joseph contemple avec recueillement cette scène touchante.

(Collection du comte de Betz.)

SOLIMÈNE

126 — Esquisse d'un Plafond, à Naples.

SPAENDONCK (Van, signé)

127 — Bouquet de Fleurs dans un vase de porcelaine bleue.

STEENWICK (II. Van)

128 — Intérieur d'Église.

Un prêtre reçoit un sac d'argent que lui donne une vieille femme.

SUBLEYRAS

129 — Fuite en Égypte.

Saint Joseph, pour traverser une rivière, a pris dans ses bras l'enfant divin, la Sainte Vierge les suit en s'aidant d'un bâton, des anges planent au-dessus d'eux.

SWAGERS

130 — Marine.

Un grand nombre de barques animent le tableau.

SWAGERS

131 — Même Sujet.

TAUNAY

132 — Giotto et Cimabuë.

TAUNAY

133 — Les Amoureux à la Fontaine.

TENIERS (D.)

134 — Les Bohémiens et le Paysan.

TENIERS (D.)

135 — Le Marchand d'Orviétan.

TENIERS (École)

136 — Deux Apôtres.

TERBURGH

137 — Soldats à table.

TERBURGH (Attribué à)

138 — Jeune Magistrat. Grands cheveux tombant sur les épaules, costume noir, rabat blanc.

THÉOLON

139 — Portrait d'Homme à cheveux blancs, recouverts d'une toque.

THIÉNON (A.), 1802.

140 — Vue prise dans le Jardin des Capucins, à Albano.

THOMAS

141 — Dalila livrant Samson aux Philistins.

THOMAS

142 — Les Bergers d'Arcadie.

TIÉPOLO

143 — La Vierge, tenant l'Enfant Jésus dans ses bras, est debout sur le globe, foulant aux pieds le Serpent.

Elle est enveloppée d'un manteau bleu que soutiennent trois anges.

Esquisse.

TIÉPOLO

144 — Résurrection de Jésus-Christ.

Esquisse.

TINTORET

145 — Les Hébreux adorant le Veau d'or.
Esquisse.

TINTORET

146 — Portrait d'Homme à barbe grise.

TURPIN DE CRISSÉ (Le Comte)

147 — Vue d'un Canal.

TURPIN DE CRISSÉ (Le Comte)

148 — Le Départ pour la Pêche.

VIALE

149 — Portrait de l'Artiste.

VÉLASQUEZ

150 — Portrait de Philippe IV.

WERBOECKHOVEN

151 — Petit Pâtre gardant un troupeau de moutons.

VERNET (J.)

152 — Paysage maritime. Effet de nuit.
Des pêcheurs tendent leurs filets.

VISONE

153 — Cascades de Terni.

VISONE (Rome, 1829)

154 — Vue du Tibre, à Rome.

VISONE

155 — Vue prise à Castellano.

VISONE

156 — Deux Vues de Naples.

VOUET (S., École)

157 — Apothéose d'une Sainte.

Elle est portée au ciel, soutenue par des anges; l'un d'eux porte la palme et la couronne; le Père éternel, assis sur des nuages lui tend la main.

WOUWERMANS (Attribué à)

158 — Paysage. Site accidenté, avec figures.

ZORGH

159 — Un Joyeux Buveur contemple avec ravissement un verre qu'il tient à la main.

ÉCOLE ITALIENNE

160 — Enterrement d'un Pape.

ÉCOLE ITALIENNE

161 — Suzanne et les Vieillards.

ÉCOLE ITALIENNE

162 — La Vierge, l'Enfant Jésus et sainte Anne.

ÉCOLE ITALIENNE

163 — Jésus et les Apôtres. Deux pendants.

ÉCOLE PRIMITIVE ITALIENNE

164 — La Sainte Vierge.

ÉCOLE ITALIENNE

165 — Une Sainte martyre.

ÉCOLE ITALIENNE

166 — Repos en Égypte.

ÉCOLE ITALIENNE

167 — Supplice d'une Sainte martyre.

Une gloire d'ange plane au-dessus d'elle.

ÉCOLE ITALIENNE

167 bis. — La Vierge et l'Enfant.

Genre Léonard de Vinci.

ÉCOLE ESPAGNOLE

168 — Portrait d'Homme à barbe blanche.

ÉCOLE ESPAGNOLE

169 — Tête d'Homme coiffé d'un mouchoir.

ÉCOLE ESPAGNOLE

170 — Vieillard lisant.

ÉCOLE ESPAGNOLE

171 — Portrait de Charles-Quint, en costume religieux.

ÉCOLE FLAMANDE

172 — Portrait d'Homme.

ÉCOLE FLAMANDE

173 — Vue d'une Forge

ÉCOLE FLAMANDE

174 — Volet ayant fait partie d'un tryptique.

Il représente un personnage à genoux à côté d'un évêque.

ÉCOLE FLAMANDE

175 — Tête d'Homme à barbe blanc.

ÉCOLE FLAMANDE

176 — Portrait d'un Jeune homme, moustaches et barbe blondes.

Il est vêtu de noir.

ÉCOLE FLAMANDE

177 — Portrait d'un Jeune Homme.

Il porte un costume gris, un manteau rouge est jeté sur ses épaules; il tient son chapeau à la main.

ÉCOLE FLAMANDE

178 — Portrait d'un Jeune Homme.

Vêtu de noir, coiffé de longs cheveux retombant sur un col rabattu.

ÉCOLE ALLEMANDE

179 — Un Homme assis, tenant une cruche et un verre qu'il vient de remplir.

Une femme est près de lui, et plus loin une servante.

ÉCOLE FRANÇAISE

180 — Un Saint Martyr.

ÉCOLE FRANÇAISE

181 — Jeune Femme, en costume de cour, tenant une rose à la main.

ÉCOLE FRANÇAISE

182 — Portrait de Mlle de Courcelles.

ÉCOLE FRANÇAISE

183 — Portrait de Femme en riche costume.

Elle est habillée d'une robe de soie bleue brodée d'or et garnie de perles; un voile de dentelle est posé sur sa tête.

ÉCOLE FRANÇAISE

184 — Deux Études de sangliers.

ÉCOLE FRANÇAISE

185 — Triomphe de Vénus.

ÉCOLE FRANÇAISE

186 — Portrait de Marie-Antoinette.

ÉCOLE FRANÇAISE

187 — Portrait de Femme en élégant costume.

Le corsage de sa robe est entouré d'une guirlande de fleurs.

ÉCOLE FRANÇAISE

188 — Portrait d'un Seigneur. Époque Louis XIV.

ÉCOLE FRANÇAISE

189 — Portrait d'un Jeune Abbé.

ÉCOLE FRANÇAISE

190 — Portrait d'un Homme de qualité.

ÉCOLE FRANÇAISE

191 — Deux petites Batailles.

Ovales.

ÉCOLE FRANÇAISE

192 — Portrait d'Homme à cheveux blonds.

ÉCOLE FRANÇAISE

193 — Portrait d'Homme.

Derrière la toile les armes du personnage représenté et son nom à moitié effacé.

ÉCOLE FRANÇAISE

194 — Saint Paul. Tête.

ÉCOLE FRANÇAISE

195 — Portrait de Carle Vernet.

ÉCOLE FRANÇAISE

196 — Guirlande de Fleurs et de Fruits entourant un bas-relief représentant Bacchus enfant.

ÉCOLE FRANÇAISE

197 — Silène ivre, lutiné par des Nymphes.
Esquisse.

INCONNU

198 — Vue de l'Hôtel de Ville. Ancien Paris.

INCONNU

199 — Vue de Saint-Pierre de Rome.

INCONNU

200 — Paysage montagneux.

Au premier plan un pont traversé par un pâtre et son troupeau.

INCONNU

201 — Vue d'une Ville.

INCONNU

202 — Tête d'Enfant.

INCONNU

203 — Portrait de Femme.

INCONNU

204 — La Visite du Médecin.

INCONNU

205 — Tête de Christ.

INCONNU

206 — Portrait d'Homme à barbe blanche, la tête couverte d'une calotte noire.

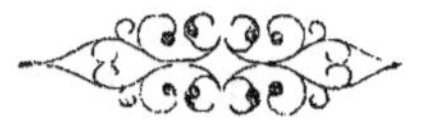

3e Partie.

LIVRES

CATALOGUE

DES LIVRES

COMPOSANT LA BIBLIOTHÈQUE

De feu M. SORET

BEAUX-ARTS, OUVRAGES À FIGURES, BELLES-LETTRES, HISTOIRE

DONT LA VENTE AUX ENCHÈRES PUBLIQUES AURA LIEU

HOTEL DES COMMISSAIRES-PRISEURS

Rue Drouot, n° 5

SALLE N° 4, AU 1er ÉTAGE

Le Mercredi 13 Mai 1863, à une heure précise.

Me PERROT, Commissaire-Priseur, place du Pont-St-Michel, 5,
Et Me DELBERGUE-CORMONT, son collègue, rue de Provence, 8,
Assistés de M. Auguste AUBRY, Libraire, rue Dauphine, 16.

EXPOSITION PUBLIQUE

SALLE N° 4

Le Mardi 12 Mai 1863, de une heure à quatre heures.

PARIS — 1863

CONDITIONS DE LA VENTE

Elle sera faite au comptant.

Cinq pour cent en sus des adjudications.

DÉSIGNATION

DES LIVRES

OUVRAGES A FIGURES

VIES DES PEINTRES — CATALOGUES — LIVRES SUR LES ARTS
ETC., ETC.

1. Histoire du Vieux et du Nouveau Testament, enrichie de plus de quatre cents figures en taille-douce, etc. *Amsterdam, Pierre Mortier*, 1700; 2 vol. in-fol., veau fauve, tr. dor.

   Bel exemplaire.

2. Mémoires inédits sur la vie et les ouvrages des membres de l'Académie royale de peinture et de sculpture, par Dussieux, E. Soulié, de Chennevières, P. Mantz et A. de Montaiglon. *Paris*, 1854; 2 vol. in-8, br.

3. Vie de Benvenuto Cellini, orfèvre et sculpteur florentin, écrite par lui-même, et trad. par Farjasse. *Paris*, 1833; 2 vol. in-8, d.-rel., veau. *Portrait.*

4. Canova et ses ouvrages, ou Mémoires historiques sur la vie et les travaux de ce célèbre artiste, par Quatremère de Quincy. *Paris, Ad. Leclere*, 1824; gr. in-8, pap. vél. veau fauve plein. (*Légèrement mouillé d'eau.*)

5. Histoire de la vie et des ouvrages de Raphaël, par Quatremère de Quincy. *Paris*, 1824; in-8, d.-rel. *Portrait.* (*Mouillé.*)

6. Histoire de la vie et des ouvrages de Michel-Ange Buonarotti, ornée d'un portrait, par Quatremère de Quincy. *Paris, Didot*, 1835, gr. in-8, veau fauve. (*Corfmat.*)

7. Recueil de notices historiques, par Quatremère de Quincy. *Paris*, 1834 ; gr. in-8, d.-rel. veau viol.

8. Œuvres posthumes de Girodet-Trioson, peintre d'histoire, suivies de sa Correspondance, par P. Coupin. *Paris, Renouard*, 1829 ; 2 vol. gr. in-8, d.-rel , veau.

9. Souvenirs de Londres. *Paris*, 1826 ; in-4 obl., d.-rel. *Figures coloriées.*

Scènes de mœurs.

10. Promenades d'un artiste. *Paris, J. Renouard, s. d.*, 2 vol. gr. in-8, papier vélin, d.-rel., veau. 52 *figures gravées.*

Bords du Rhin. — Hollande. — Belgique. — Tyrol. — Suisse. — Nord de l'Italie.

11. Itinéraire pittoresque au nord de l'Angleterre, texte français, par Gérard. *Londres*, 1834-1836 ; 2 vol. in-4, cart.

Contenant 146 vues finement gravées.

12. La Suisse pittoresque, ornée de vues dessinées spécialement pour cet ouvrage, par W. H. Bartlett, accomp. d'un texte par W. Beattie. *Londres*, 1836 ; 2 vol. in-4, d.-rel.

13. Un an à Rome et dans ses environs ; Recueil de dessins lithographiés (coloriés), dessiné et publié par Thomas. *Paris, F. Didot*, 1823 ; in-fol., d.-rel. mar. vert, non rog.

14. Album de costumes italiens, gravés par Aloja, d'après Milani. In-fol. cart.

15. Essais de gravure pour servir à une histoire de la gravure en bois, par Léon de Laborde. *Paris, J. Didot*, 1833; gr. in-8, d.-rel , maroq., br. (*Album de planches.*)

16. Recueil d'estampes gravées d'après Cochin, Moreau le jeune, Le Barbier, de La Tour, Weeninx, Boucher Monet, Lantara, etc., en 1 vol. in-fol.; d.-rel.

Plusieurs pièces sont avant la lettre.

17. Les Hommes illustres qui ont paru en France pendant ce siècle, avec leur portrait au naturel, par Perrault, de l'Académie. *Paris*, 1696, 2 tom. en 1 vol. in-fol., v. gr.

Beaux portraits gravés par Edelinck , Van Schuppen et autres.

18. Recueil de sujets divers, par Pérelle. In-4 obl. 190 *planches.*

19. Vues des belles maisons de France et d'Italie, par Pérelle. In-fol. obl. bas. mar.

Recueil factice de 290 planches, dont un grand nombre avant la lettre.

20. Recueil d'estampes, d'après Cochin, pour l'illustration de Roland furieux, et autres pièces, d'après Le Barbier et Moreau le jeune, en 1 vol. in-4, d.-rel.

21. Recueil de testes de caractère et de charges dessinées par Léonard de Vinci. *Paris, Mariette*, 1730; in-4, v. mar.

22. Recueil complet de compositions faites par le célèbre J. Martins, sur des sujets de la Bible, gravés sur bois et sur acier. In-4, maroq. bleu, large dentelle avec milieu en mosaïque.

23. Bas-reliefs antiques de la Grèce, etc.. dessinés par Wagner et gravés par Ruschweyh. *Rome*, 1814; in-fol. obl., d.-rel., mar. bleu.

24. Compositions pour les tragédies d'Eschyle, par J. Flaxmann, gravées par Piroli. *Londres*, in-fol. obl., d.-rel.

25. Concours décennal ou Collection gravée des ouvrages de peinture, sculpture, architecture et médailles, mentionnés dans le rapport de l'Institut. *Paris*, Filhol, 1812; gr. in-4, d.-rel. *Jolies planches gravées.*

26. Tombeau de Louis XII, dit le père du peuple, et Tombeau de François Ier, dessinés, gravés et publiés par Imbard. *Paris; P. Didot l'aîné*, 1815-17; in-fol., d.-rel., mar. vert. *Planches.*

27. Quadrille de Marie-Stuart (2 mars 1329); in-fol., d.-rel., mar. vert.

Album de 26 planches lithographiées, d'après les dessins d'Eugène Lami (en couleur), publié en 1829.

28. Description historique de l'Hôtel royal des Invalides, par l'abbé Pérau. *Paris, G. Desprez*, 1756; in-fol., d.-rel., veau fauve. *Figures de Cochin.*

29. Les principales aventures de l'admirable don Quichotte, représentées en figures, par Coypel et Picart Le Romain, tirées de l'original espagnol de Miguel de Cervantes. *La Haye (Paris)*, 1774; 2 vol. in-8, veau gran.

30. Salon de 1824, par Chauvin, et Salon de 1831, par G. Planche. Ens. 2 vol. in-8, d.-rel. *Figures.*

31. Salons de 1827, 1831 et 1833, par Jal. — L'Artiste et le Philosophe et le Peuple au sacre. 4 vol. in-8, d.-rel. *figures.*

32. Catalogue de dessins, tableaux et estampes composant l'une des collections de L. Dufourny, par H. Delaroche. *Paris*, 1819; in-8, *planches au trait.*

33. Catalogue d'une riche collection de tableaux, dessins, gouaches, miniatures, estampes, groupes, etc.. le tout rassemblé avec autant de goût que de dépense, par feu Claude Tolozan, ledit catalogue rédigé par A. Paillet et H. Delaroche. *Paris*, 1801, et quatre autres catalogues de tableaux rédigés par les mêmes experts en 2 vol. in-8, d.-rel.

Avec prix et noms des acquéreurs.

34. Description des objets d'art qui composent la collection Debruge Dumenil, précédée d'une introduction historique par Jules Labarte, *Paris*, *Didron*, 1847; gr. in-8, d.-rel.

35. Notices des tableaux exposés dans les galeries du Musée impérial du Louvre, par Fréd. Villot. *Paris*, 1853; 3 vol. gr. in-8, d.-rel., veau ant.

36. La vie des peintres flamands, allemands et hollandais, avec des portraits gravés en taille douce, *Paris*, *Jombert*, 1753. Voyage pittoresque de la Flandre et du Brabant, par Decamps. *Paris*, 1769; ens. 5 vol. in-8, d.-rel. (*mouillé*).

37. Histoire des peintres de toutes les écoles depuis la Renaissance jusqu'à nos jours, par Ch. Blanc. *Paris*, *Renouard*; in-4. (377 livraisons).

38. Iconographie des contemporains depuis 1789 jusqu'à 1820, publ. par Delpech. *Paris*; in-fol. (28 *livraisons dans* 2 *portefeuilles*).

Portraits lithographiés et fac-simile d'écritures.

39. Collection de portraits des Français célèbres par leurs actions ou leurs écrits, gravés par les meilleurs artistes français et anglais, d'ap. les originaux authentiques et accomp. de notices biographiques. *Paris*, *imp. de Didot*, 1828; gr. in-8, pap. vélin, d.-rel. (Tom. 1er.)

40. Galerie britannique de gravures faites d'après des peintures des écoles italienne, française, flamande, hollandaise et anglaise, avec un historique par E. Forster. Londres 1814, in-fol. n. rel.

41. Cabinet Lebrun. Collection d'environ 100 planches gravées des tableaux composant le cabinet de M. Lebrun. In-fol. d.-rel.mar. rouge.

42. Annales du musée et de l'École moderne des Beaux-Arts. Recueil de gravures au trait d'ap. les principaux ouvrages de peinture, sculpture. etc., rédigé par C.-P. Landon. *Paris*, 1800-1817, 32 vol. in-8, cart.

43. Galerie de Florence. Tableaux, statues, bas reliefs et camées de la galerie de Florence et du palais Pitti, dessinés par Wicar, avec les explications par Mongez. *Paris, Lacombe*, 1789 ; 4 vol. in-fol. dos et coins mar. vert n. rog.

Très-bel exemplaire imprimé sur papier vélin superfin d'Annonay. (*Beau d'épreuves*).

44. Musée Filhol. Cours historique et élémentaire de peinture ou galerie complète du muséum de France, par une société d'amateurs et d'artistes. *Paris, Filhol, artiste graveur et éditeur*, 1802 ; 11 vol. gr. in-8, d.-rel. nombreuses figures gravées.

45. Trésor de numismatique et de glyptique, ou recueil général de médailles, monnaies, pierres gravées, bas-reliefs, etc., tant anciens que modernes ; les plus intéressants sous le rapport de l'art et de l'histoire, gravé par le procédé Achille Collas; sous la direction de Paul Delaroche, Henriquel-Dupont et de Charles Lenormant *Paris*, 1834 et suiv. 16 part. in-fol. d.-rel. mar. rouge n. rogn. et suite en livraisons.

BELLES-LETTRES

CONTES ET NOUVELLES — POÉSIES — POLYGRAPHES, ETC.

46. Dictionnaire de l'académie française. 6e édition. *Paris*, 1835 ; 2 vol, in-4, d.-rel. v. vert.

47. Entretiens sur la pluralité des Mondes, par Fontenelle. *Paris, Ve Defer de Maisonneuve (imp. de Didot le jeune)* 1796; in-4, pap. vélin fort, d.-rel. mar. rouge. *Portrait et figures.*

48. Physiologie des Passions ou nouvelle doctrine des sentiments moraux, par le baron Alibert. *Paris*, 1837; 2 vol. in-8, d.-rel. v. *fig.*

49. La Médecine des passions, par Descuret. *Paris*, 1860 ; 2 vol. in-8, br.

50. Théophile, prêtre et moine, essai sur divers arts ; publié par Ch. de l'Escalopier, avec introd. par Guichard. *Paris*, 1843, in-4, br.

51. Heptameron François. Les nouvelles de Marguerite, reine de Navarre. *Berne, soc. typogr.* 1780; 3 vol. in-8, veau gran. *Figures de Freudenberg.*

Exemplaire beau d'épreuves.

52. Œuvres de Rabelais. *Lahaye*, 1789 ; 3 vol. petit in-12, d.-rel. bas.

53. Essais de Michel Seigneur de Montaigne, avec des notes par Pierre Coste. *La Haye, Gosse*, 1727; 5 vol. pet. in-8, mar. vert, fil. tr. dor. (*Derome jeune.*)

54. Théâtre de Pierre Corneille, avec des commentaires, etc , etc. *Paris*, 1764; 12 vol. in-8, veau marb. *Figures de Gravelot.*

55. Œuvres de Molière, avec des remarques grammaticales, des avertissements et des observations sur chaque pièce par M. Bret. *Paris*, 1773 ; 6 vol. in-8, veau marb. fil. tr. dor. *Figures de Moreau.*

56. Maximes et réflexions morales du duc de Larochefoucaud. *Paris*, de l'imp. de Didot le jeune, 1827 ; petit in-64, mar. rouge, doublé de mar. *Portrait* (dans un étui en mar.).

Charmante édition imprimée avec les caractères microscopiques de Jules Didot.

57. Contes de fées, par Ch. Perrault, de l'Acad. française *Paris, Lamy*, 1781; in-12, mar. vert (*ancienne reliure*). Figures à mi-page.

58. Histoire de Gilbas de Santillane, par Lesage, vignettes par Jean Gigoux. *Paris, Paulin*, 1835 ; grand in-8, cart.

59. Les Amours pastorales de Daphnis et Chloé. S. L. 1745; in-12, veau fauve, fil. tr. dor. *frontispice de* 1718, *figures du Régent, y compris celle dite aux petits pieds.*

60. Fables de La Fontaine, avec figures gravées par MM. Simon et Coiny. *Paris, Didot*, 1787; 6 vol. in-18, mar. rouge, fil. tr. dor. (*Simier*).

61. Contes et Nouvelles en vers, par M. de La Fontaine, avec une Notice par Diderot. *Amsterdam*, (*Paris*) 1762. 2 vol. in-8, mar. rouge, fil. tr. dor., doublés de tabis. *Figures d'Eisen.*

Très-bel exemplaire de cette édition, exécutée aux frais des fermiers généraux.

62. Les Amours de Psyché et de Cupidon, avec le poëme d'Adonis, par Lafontaine. *Paris, Didot*; *le jeune*, an III; in-4 cart. *Figures de Moreau le jeune.*

63. Aventures et Espiègleries de Lazarille de Tormes, écrites par lui-même. Nouv. édit., ornée de 40 figures dess. et grav. par Ransonnette. *Paris, Didot jeune,* 1801 ; 2 vol. en 1, in-8, veau dent., tr. dor. (Simier.)

64. Les Aventures de Télémaque, fils d'Ulysse, par Fénelon. *Paris, P. Didot l'aîné*, 1796 ; 4 vol. in-18, veau vac. dent., tr. dor. *Jolies figures gravées.*

65. La Guirlande de Julie, pour Mlle de Rambouillet, Julie-Lucine d'Angennes. Escript par N. Jarry. 1641 ; in-8, veau ec. dent., tr. dor.

66. Recueil de Lettres de Mme de Sévigné. *Paris, Bossange,* 1801 ; 10 vol. in-12, bas.

67. Œuvres complètes de Saint-Foix, historiographe des ordres du Roi. *Paris, Duchesne,* 1778 ; 6 vol. in-8, veau écaille.

68. Œuvres choisies de Lesage et de l'abbé Prévost. *Amsterdam,* 1783 ; 54 vol. in-8, veau ec. fil. *Figures de Marillier.*

69. Œuvres complètes de M. de Marivaux, de l'Académie françoise. *Paris, veuve Duchesne,* 1781 ; 12 vol. in-8, veau ec. fil. *Portrait.*

70. Œuvres complètes de Grécourt. Nouv. édit. *Luxembourg,* 1764 ; 4 vol. pet. in-12, v. marb. *4 jolis front. gravés.*

71. Elégies de Tibulle, par Mirabeau. *Paris,* 1798 ; 3 vol. in-8, veau rac. dent. tr. dor. *Figures de Borel.*

Bel exemplaire.

72. Joseph, par M. Bitaubé, *Paris, Didot l'aîné,* 1786 ; in-8, maroq. rouge, tr. dor. *Portrait gravé par Saint-Aubin, et figures de Marillier.*

73. Numa Pompilius, second roi de Rome, par M. de Florian. *Paris, de l'imp. de Didot*, 1786; in-8, maroq. rouge, dent., tr. dor., doubl. de tabis. (*Bozerian.*)

74. Régulus et la feinte par amour, dédiés à madame la Dauphine par M. Dorat. *Paris, Delalain*, 1773; gr. in-8, pap. de Holl. maroq. rouge, dent., tr. dor. *Front. de Marillier.*

75. Œuvres complètes de Crébillon. Nouv. édit. augm. de belles gravures. *Paris*, 1785; 3 vol. in-8, mar. vert, fil., tr. dor.

Très-bel exemplaire relié par Derome. *Figures de Marillier, avant la lettre.*

76. Œuvres complètes de Gresset. *Paris, Furne*, 1830; 2 vol. in-8, d.-rel., v. v. *Figures*

77. Les Mille et Une nuits, contes arabes, trad. en françois par Galland. *Paris, Galliot*, 1822; 6 vol. in-8, d.-rel. veau viol. *Figures.*

78. Lycée, ou Cours de littérature ancienne et moderne, par Laharpe. *Paris*, 1828; 18 vol. in-8, d.-rel., veau fauve.

79. Lettres d'une Péruvienne, par Mme de Graffigny, trad. en italien par Deodati. (Texte en regard). *Lyon, Bruysset*, 1787; 2 vol. pet. in-12, d.-rel. maroq. rouge.

Exemplaire sur papier vélin, non rogné.

80. Collection complète des œuvres de J.-J. Rousseau, citoyen de Genève, *Genève*, 1782; 24 vol. in-12, bas.

81. Œuvres complètes de Voltaire, *de l'imprimerie de la société littéraire typographique*. 1784; 72 vol. in-8, d.-rel. veau viol. (*Rel. de Germain Simier.*)

Avec la suite de figures de Moreau.

82. Œuvres complètes de Buffon, mises en ordre et précédées d'une notice historique, par Richard. *Paris, Baudouin*, 1827 ; 28 vol. in-8 et 2 vol. d'atlas de figures coloriées. — Complément, par le baron Cuvier ; 4 vol. —Histoire naturelle, générale et particulière des mammifères et des oiseaux, par Lesson. *Paris, Baudouin*, 1828 ; 10 vol. d -rel., v. v. et 1 vol. de planches col., ensemble 42 vol. et 3 de planches.

83. La Vie de Voltaire, par M. (l'abbé du Vernet). *Genève*, 1786 ; in-8, d.-rel. maroq. rouge, non rog.

Exemplaire de Mérard de Saint-Just, qui y a joint la belle planche gravée par Gaucher (*le Couronnement de Voltaire*), sept portraits de Voltaire, à différents âges, gravés par Barbié, Tardieu, Langlois, Saint-Aubin, Leroy et Fiquet, ainsi qu'un portrait de la marquise Du Châtelet, gravé par Langlois.

84. Paul et Virginie, par J. H. Bernardin de Saint-Pierre. *Paris, L. Curmer*, 1838 ; gr. in-8, pap. vélin, maroq. vert. tr. dor. *Figures sur chine.*

Bel exemplaire.

85. Œuvres de J Delille, précédées d'une notice sur sa vie et ses ouvrages, par P.-L. Tissot. *Paris, Furne*, 1832 ; 10 vol. in-8 br. *Figures.*

86. L'Imagination, poëme, par Jacques Delille. *Paris, Michaud*, 1806 ; 2 vol. in-8, pap. vélin, rel. pl. en mar. bleu, dent. tr. dor. *Figures avant la lettre.*

87. L'Enéide, traduite par J. Delille. *Paris, Michaud*, 1804 ; 4 vol. gr. in-8, veau rac., dent. tr. dor. *Figures.* (*Simier.*)

88. Les Géorgiques de Virgile, trad. nouvelle en vers françois, enrichies de notes et de figures, par Delille. *Paris, Bleuet*, 1770 ; gr. in-8, pap. de Holl. Belle rel. anc. en maroq. rouge, tr. dorée, *figures d'Eisen, avant la lettre.*

89. Chansons et poésies diverses de Desaugiers. *Paris, Ladvocat*, 1827; 4 vol. in-12, d.-rel., maroq. vert, *figures*. (*Mouillé d'eau.*)

90. Chansons de P.-J. de Béranger. *Paris, Perrotin*, 1829; 4 vol. in-12, d.-rel., maroq. rouge, *figures sur chine.*

91. Œuvres de Walter-Scott, trad, par Defaucompret. *Paris, Furne*, 1830; 32 vol. in-8, d.-rel , veau, *figures.*

92. Œuvres de Bernard, ornées de gravures d'après les dessins de Prud'hon; la dernière estampe gravée par lui-même. *Paris, imp. de P. Didot, l'aîné*, 1797; in-4, cart.

93. Œuvres complètes de Millevoie, 4 vol. in-8, br.

94. Casimir Delavigne. Œuvres. *Paris, Furne*, 1833; 5 vol. in-8, br., *figures.*

95. Œuvres diverses de Charles Nodier. *Paris*, 1832; 9 vol. in-8, br.

96. Œuvres de Lamartine. *Paris, Gosselin*, 1832; 4 vol. in-8 br., *avec suite de figures.*

97. Œuvres de Victor Hugo, de l'Académie française. *Paris, Furne*, 1840-46; 16 vol. in-8, pap. vél., d.-rel., veau fauve. *Figures.* (*Corfmat*)

Les quatre derniers volumes sont brochés.

98. Mes prisons. Mémoires de Silvio Pellico de Saluces, trad. par A. de Latour. 2e édit. *Paris, Fournier*, 1833; in-8, veau noir, tr. dor., *fig.* (*Corfmat*).

9. La Foudre, journal des nouvelles historiques, de la littérature, des spectacles, des arts, des modes. *Paris*, 10 vol. in-8, cart.

100. La Religion vengée, poème en dix chants. (Par le cardinal de Bernis). *Parme, dans le palais royal,* 1795; in-4, tiré sur beau papier vélin in-fol., d.-rel., maroq. rouge, non rogné. *Portrait.*

101. La Gaule poétique, par Marchangy. *Paris,* 1825; 6 vol. in-8, br.

HISTOIRE

VOYAGES — HISTOIRE ANCIENNE ET MODERNE — BIOGRAPHIE, ETC.

102. Nouvel abrégé chronologique de l'Histoire de France, par le président Henault. *Paris, Prault,* 1768; in-4, veau, rac., fil. en 2 vol.

103. Histoire des Juifs et des peuples voisins, depuis la décadence des royaumes d'Israël et de Juda jusqu'à la mort de Jésus-Christ. Trad. de l'anglais. *Amst., Henri du Sauzet,* 1728; 6 vol. in-12, veau fauve, *figures.*

104. Le grand théâtre historique, ou nouvelle histoire universelle, tant sacrée que profane, depuis la création du monde jusqu'au commencement du XVIIIe siècle. *Leide,* P. Vander Aa, 1703; 5 vol. in-fol., veau gran. *Nombreuses figures en taille douce.*

105. Recueil des lettres missives de Henri IV, publié par Berger de Xivrcy. *Paris,* 1843-1858; 7 vol. in-4, br. et cart.

106. Recueil de plusieurs pièces servant à l'histoire moderne. *Cologne, Pierre du Marteau,* 1663; 3 vol., pet. in-12, v. fauve.

107. Recherches critiques, historiques et topographiques sur la ville de Paris, avec le plan de chaque quartier, par Jaillot. *Paris,* 1782; 5 vol. in-8, v. marb.

108. Tableau de Paris (par Mercier). Nouv, édit. corrigée et augmentée. *Amsterd.*, 1782; 8 vol. in-8, veau marb.

109. Almanach du père Gérard pour 1792. — La constitution française de 1791, 2 pet. vol. in-64, maroq. rouge, fil. tr. dor.

110. Défense de Louis XVI par MM. Malesherbes, Tronchet et Desèze, prononcée à la barre de la Convention, par Desèze. Br. in-8, rel. en maroq. bl., dent., tr. dor.

Exemplaire de la duchesse de Berry, à ses armes, et provenant de la bibliothèque du château de Rosny.

111. Journal du marquis de Dangeau publié en entier pour la première fois par MM. Soulié, Dussieux, etc., avec additions inédites par le duc de Saint-Simon. *Paris*, 1854-60; 19 vol. in-8, br.

La suite sera délivrée gratuitement à l'acquéreur.

112. Mémoires de la maison de Condé, imprimés sur les manuscrits autographes. *Paris*, 1820; 2 tom. en 1 vol. in-8, d.-rel. maroq. viol. *Portraits.*

113. Correspondance historique de la maison de Condé. — Recueil factice de portraits anciens et modernes et de *fac simile* de lettres autographes. In-4 dans un portefeuille en maroq. rou.

114. Histoire scientifique et militaire de l'expédition française en Egypte. *Paris, Denain*, 1830-36; 10 vol. in-8, et 3 vol. in-4 *de planches*, d.-rel., dos et coins de mar. viol.

115. Procès des derniers ministres de Charles X, recueillis par des sténographes. *Paris, Audot*, 1830, 2 tom. en 1 vol. in-8, d.-rel. *Portraits.*

116. Mémoires et mélanges historiques et littéraires, par le prince de Ligne. *Paris, A. Dupont*, 1827; 5 vol. in-8, d.-rel. veau vert.

117. Mémoires du duc de Luynes sous la cour de Louis XV, (1735-1758). Publiés sous le patronage de M. le duc de Luynes, par MM. Dussieux et E. Soulié. *Paris, F. Didot*, 1860-63 ; 11 vol. in-8, br.

La suite de cet ouvrage, qui est en cours de publication, sera délivrée gratuitement à l'acquéreur.

118. Italie, par le chevalier Artaud. — Sicile, par de La Salle. *Paris, Didot*,1835 ; in-8, d.-rel., v. bl. *Planches.*

119. Relation de l'ambassade de lord Macartney à la Chine, dans les années 1792, 1793 et 1794, trad. de l'anglais. *Paris*, an IV. 2 vol. gr. in-8, veau, rac. fil. *Pap. vélin de Holl.* fig.

120. Voyage pittoresque autour du monde, résumé général des voyages de découvertes, publ. par Dumont-d'Urville. *Paris*, 1834; 2 vol. gr. in-8, d.-rel., mar. bleu. *Figures.* (*Corfmat.*)

121. Souvenirs des Highlands. Voyage à la suite de Henri V en 1832, par d'Hardiviller. *Paris, Dentu*, 1835 ; in-4, d.-rel. maroq. vert, *figures lithogr. tirées sur Chine.*

122. Voyage du jeune Anacharsis en Grèce, dans le milieu du IVe siècle, avant l'ère vulgaire. *Paris, De Bure*, 1788, 4 vol. in-4, (*papier vélin*) et atlas, veau granit.

123. Bossuet et Fléchier. Oraisons funèbres. *Paris, Renouard*, 1802 ; 4 vol. in-12, maroq. bleu, tr. dor. (*Bozerian*).

124. Histoire de Fénelon, archevêque de Cambrai, par de Bausset. *Versailles, Lebel*, 1817; 4 vol. in-8, bas.

125. Histoire du pape Pie VII, par le chevalier Artaud. *Paris*, 1837; 2 vol. in-8, d.-rel. maroq. rou *Portrait.* (*Corfmat.*)

126. Encyclopédie des gens du monde, répertoire universel des sciences, des lettres et des arts; avec des notices sur les principales familles historiques, etc. Par une société de savants. *Paris, Treuttel et Würtz*, 1833; 44 vol. in-8, d.-rel., veau ant.

---

127. Environ 300 volumes d'ouvrages divers, reliés et brochés, qui seront vendus en lots au commencement de la vacation.

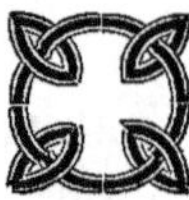

4e Partie.

DESSINS

CATALOGUE

DES

DESSINS

ANCIENS & MODERNES

COMPOSANT LA COLLECTION

De feu M. SORET

DONT LA VENTE AUX ENCHÈRES PUBLIQUES AURA LIEU

HOTEL DES COMMISSAIRES-PRISEURS

Rue Drouot, n° 5

SALLE N° 4

Les Vendredi 15 et Samedi 16 Mai 1863, à 2 heures précises.

Me **PERROT**, Commissaire-Priseur, place du Pont-Saint-Michel, 5,

Et Me **DELBERGUE-CORMONT**, son Collègue, rue de Provence, 8,

Assistés de **M. CLEMENT**, Md d'Estampes de la Bibliothèque Impériale, rue des Saints-Pères, 3.

EXPOSITION PUBLIQUE

Le Jeudi 14 Mai 1863, de une heure à cinq heures.

PARIS

RENOU & MAULDE

IMPRIMEURS DE LA COMPAGNIE DES COMMISSAIRES-PRISEURS

Rue de Rivoli, 144

1863

CONDITIONS DE LA VENTE

Elle sera faite au comptant.

Les Acquéreurs paieront en sus des adjudications, CINQ CENTIMES PAR FRANC.

DESIGNATION

DESSINS

BOISSIEU (J.-J. DE)

1 — Vue prise aux environs de Lyon.

Beau dessin lavé à l'encre de Chine.

2 — Tête de vieille femme.

Beau dessin à la sanguine rempli d'expression.

BOUCHARDON (EDME)

3 — Offrande à Priape.

Joli dessin à la sanguine.

BOUCHARDY

4 — Portrait de M. Guizot.

Miniature d'après Paul Delaroche.

BOUCHER (FRANÇOIS)

5 — Tête de jeune fille sentant une rose.

Très-beau pastel; signé.

6 — Sujet pastoral.

Très-beau dessin au crayon noir pour un éventail.

BOUCHER (François)

7 — Berger et bergère.

Dessin au crayon noir.

BOUCHER & AUTRES

8 — Portraits, Paysages et Sujets allégoriques.

Sept dessins à la plume et à la sanguine.

BOURDON (Sébastien) ET AUTRES

9 — Sainte Famille, Portrait, etc.

Quatre dessins à la plume.

BRALLE (J.)

10 — Portrait du duc d'Angoulême.

Dessin au crayon noir rehaussé.

BREUGHEL (Jean, dit DE VELOURS)

11 — Villages hollandais aux bords de la mer et Paysage.

Trois dessins à la plume, lavés. (Collections John Barnard.)

BALTARD (Attribué à)

12 — Grande vue panoramique de Rome.

Très-beau dessin à l'aquarelle.

BAUR (W.)

13 — Vue d'un port de mer animé d'un grand nombre de figures

Très-belle gouache miniaturée dans un cadre en bois d'ébène; signée et datée 1637.

BACKHUYZEN (L.)

14 — Marine. Sur le premier plan, divers personnages.

Charmant dessin à la plume, lavé à l'encre de Chine.

BECCAFUMI (D.)

15 — La Vierge et l'Enfant Jésus sous un autel supporté par deux figures de femmes.

Dessin capital au bistre.

BERGHEM (Nicolas)

16 — Troupeau au repos.

Dessin à la sanguine.

BELLA (E. Della)

17 — Environ quarante dessins à la plume et au crayon, sur neuf feuilles.

18 — Frontispice, Paysages et Croquis.

Six dessins à la plume et au bistre.

BELLANGE (J.)

19 — Portrait d'Antoine de Bourbon, roi de Navarre, en 1552.

Très-beau dessin au crayon rehaussé d'or, sur vélin.

BERNARD

20 — Recueil de caricatures et autres figures en traits de plume à main levée.

CALLOT (J.)

21 — Sujets de la Passion et Costumes.

Vingt croquis à la plume sur deux feuilles.

CALLOT (D'après)

22 — Costumes d'homme et femme.

Deux charmants dessins à la plume, par Overleat; 1758.

CANALETTI (A.)

23 — Vue d'une des portes de Padoue.

Superbe dessin enrichi d'un grand nombre de figures et de barques; à la plume, au bistre et lavé d'encre de Chine. (Collection Mariette.)

24 — Vue de la place Saint-Marc, à Venise.

Dessin très-fini à la plume et au bistre, lavé d'encre. (Collection John Barnard.)

25 — Vue prise dans une des îles de Venise.

Dessin à la plume, lavé à l'encre, mêlé de bistre.

26 — Vue de Padoue.

Dessin à la plume, lavé de bistre.

27 — Vues de Venise et de Padoue.

Deux dessins à la plume, lavés de bistre et coloriés.

28 — Vue de Venise. — Étude de barque vénitienne.

Deux dessins à la plume, coloriés.

CARRACHE (École de)

29 — Grand dessin à la plume et au bistre, destiné à un plafond ; le milieu représente une assomption de la Vierge entourée par différents sujets allégoriques.

CASTIGLIONE, RICCI & AUTRES

30 — Croquis et Paysages.

Dix-sept dessins à la plume.

CLERISSEAU

31 — Arc de triomphe de Constantin.

Dessin capital largement exécuté au bistre.

32 — Vues de Rome et de France.

Recueil de cinquante-deux dessins à la plume, au bistre et à l'aquarelle.

33 — Album contenant quarante-quatre dessins coloriés, Études de monuments de Rome et autres.

COURTOIS (Jacques, dit LE BOURGUIGNON)

34 — Combat de cavalerie.

Dessin vigoureusement lavé au bistre.

DALEN (Corneille Van)

35 — Tête de vieille femme hollandaise.

Charmant dessin à la mine de plomb.

DAVID (Louis)

36 — Étude pour le sacre de Napoléon Ier.

Dessin lavé à l'encre, portant la signature du maître.

37 — Andromaque pleurant la mort d'Hector.

Dessin au crayon et lavé à l'encre de Chine, pour son tableau de réception à l'Académie. Signé et daté 1782.

38 — Étude au crayon pour la pose de la figure de l'Empereur dans le sacre ; au verso, la figure de l'impératrice Joséphine, à genoux.

39 — Études de martyrs.

Dessin à la mine de plomb.

DAVID (École de)

40 — Portrait de Pie VII.

Très-beau dessin au crayon, lavé d'aquarelle.

40 bis. La mort de Socrate.

Dessin au bistre réhaussé de blanc.

DELAROCHE (Paul)

41 — Mort du président Duranti, premier président au Parlement en 1589.

Dessin très-capital à la mine de plomb, signé.

42 — Portrait de femme.

Joli dessin à la mine de plomb, portant le monogramme de l'artiste et daté 1832.

DESPRÉS

43 — Intérieur de Saint-Pierre de Rome, animé de personnages.

Joli dessin à la plume, lavé et colorié.

43 bis. Cérémonie religieuse dans l'intérieur de St-Pierre de Rome.

Grand et beau dessin à l'aquarelle.

DEMARNE (J.-L.)

44 — Paysage animé d'anlmaux au pâturage.

Dessin très-capital lavé à l'encre et légèrement colorié.

DIETRICH (G.-E.)

45 — La Mise au tombeau.

Très-beau dessin rempli de sentiment, sur papier teinté, lavé à l'encre et rehaussé de blanc, signé et daté 1730.

DOES (Jacques Vander)

46 — Troupeau de moutons et chèvres en marche, conduit par des bergers.

Dessin capital à l'encre de Chine, légèrement teinté de bistre. signé et daté 1654, La Haye.

DOMINIQUIN (École du)

47 — La Communion de saint-Jérôme.

Dessin à la sanguine.

D'ORGEWILLES

48 — Singes à table.

Dessin à l'aquarelle.

DUPLESSIS-BERTAUX

49 — Costumes Louis XIII.

Dessin à la plume.

DUMOUSTIER (D.)

50 — Portrait d'homme.

Très-beau dessin à plusieurs crayons, signé et daté 1609.

DYCK (Ant. Van. École de)

51 — Portrait de seigneur à cheval, suivi de son valet.

Dessin au crayon noir.

ECKHOUT (G. Van den)

52 — Abraham renvoyant Agar.

Dessin à la plume, lavé de bistre.

ÉCOLE FLAMANDE

53 — Paysages.

Dix dessins à la plume et au bistre.

ÉCOLE FRANÇAISE

54 — Sujet fantastique sur les Aérostats.

Dessin à la plume, lavé.

55 — Visite du roi Louis XVI au port de Cherbourg

Trois grands dessins à l'encre de Chine, représentant divers épisodes de cette visite. Ces dessins avaient été remis par le maréchal de Castries à Moreau le jeune pour être gravés

ÉCOLE FRANÇAISE

56 — Grand Dessin représentant un paysage, en forme de frise.

Sur papier de la Banque.

57 — Portrait du Prince de Condé.

Dessin au crayon noir.

58 — Douze Dessins à la plume et à la sanguine.

59 — Deux Trompe-l'Œil représentant des dessins et gravures.

ÉCOLE HOLLANDAISE

60 — Paysage avec figures et animaux, dans le genre de A. Van Velde.

Dessin très-fini à l'encre de Chine.

ÉCOLE ITALIENNE

61 — Sujets de sainteté.

Cinq dessins à la plume lavés de bistre et aux trois crayons.

61 bis. — L'Annonciation.

Joli dessin à la plume lavé au bistre.

FETI (Dominico)

62 — Portrait d'homme âgé.

Beau dessin à plusieurs crayons. (Collection Mariette.

FREY (J. DE)

63 — Portrait de Maron, pasteur protestant.

Dessin au crayon noir, lavé.

GESSNER (SALOMON)

64 — Paysage.

Desssin très-fini, lavé à l'encre.

GHEZZI & AUTRES

65 — Portraits d'hommes et Sujets d'enfants.

Six dessins à la plume, lavés de bistre.

GILLOT & AUTRES

66 — Quatre Dessins d'ornements.

GOLTZIUS (H.)

67 — Portrait d'homme.

Joli dessin à la plume, sur vélin.

GOUJON (JEAN)

68 — Salière, de chaque côté deux sirènes surmontées de deux femmes nues, au milieu une cariatide supportant un bassin.

Dessin à la plume.

GRANDVILLE (J.-J.)

69 — Un Concert d'ânes.

Dessin à la plume, pour la vie privée des animaux.

GRANET

70 — Intérieur de cloître, animé de personnages.

Très-beau dessin à la plume, lavé d'encre de Chine.

71 — Intérieur de cloître, à Rome.

Dessin à la plume, lavé de bistre.

GREUZE (J.-B.)

72 — Le Départ de l'enfant en nourrice.

Magnifique dessin à l'encre, lavé de bistre, connu par la gravure.

73 — Première pensée du sujet précédent.

Dessin au bistre.

74 — Tête de jeune fille affligée, appuyée sur ses mains.

Très-beau dessin aux crayons noir et rouge.

75 — Étude d'un jeune garçon.

Dessin à la sanguine pour un de ses tableaux.

GROS (D'après)

76 — Napoléon visitant les pestiférés de Jaffa.

Grand dessin très-fini au crayon noir rehaussé exécuté pour la gravure de Laugier.

GUARDI

77 — Vue du grand canal, à Venise.

Dessin capital, lavé à l'encre mêlée de bistre.

78 — Vue de la Basilique de Saint-Marc, à Venise.

Dessin à la plume, lavé d'encre de Chine.

79 — Intérieur de monument, à Venise, animé de figures.

Joli dessin à la plume, lavé au bistre.

HACKERT (P.)

80 — Étude de rochers et d'arbres.

Dessin à l'encre de Chine.

HENNEQUIN

81 — Les Remords d'Oreste.

Grand dessin à la plume et au bistre, pour son tableau du concours décennal, signé et daté.

HERMAN SWANEVELT (Attribué à) ET AUTRES

82 — Paysages.

Sept dessins à la plume, lavés de bistre.

HERMANN

83 — Portrait du comte de Chambord en costume d'Écossais.

Dessin à l'aquarelle.

HERSENT (D'après)

84 — Louis XVI distribuant des secours aux pauvres dans l'hiver de 1788.

Très-beau dessin au crayon noir rehaussé, exécuté pour la gravure de Adam.

HOUEL

85 — Repos d'animaux sur le devant ; dans le fond un troupeau en marche.

Dessin à la plume, lavé d'encre de Chine.

HUYSUM (D'après Van)

86 — Bouquet de fleurs dans un vase.

Dessin à l'aquarelle, par Van Dael.

INCONNU

87 — Intérieur d'église.

Dessin à l'aquarelle.

88 — Costumes turcs.

Trente-cinq dessins à la sanguine.

JANET

89 — Portrait de Femme.

Beau dessin à plusieurs crayons.

JOLIVET

90 — Mendiants espagnols à la porte d'un couvent.

Dessin au crayon, lavé de bistre.

KONINK (Philippe)

91 — Paysages.

Deux dessins à la plume dont un colorié.

LAGNAU & PORBUS

92 — Portraits d'Hommes.

Deux dessins aux trois crayons.

LANTARA (S.-M.)

93 — Paysages dans le même cadre.

Deux très-jolis dessins à la pierre d'Italie.

LAREGA (F.)

94 — Entrée de la reine de Suède à Rome. — Couronnement de don Carlos, infant d'Espagne.

Deux dessins à la plume, lavés de bistre,

LAVALLÉE-POUSSIN & AUTRES

95 — Jeux d'enfants. — Foire de village.

Deux dessins à la plume et à l'aquarelle.

LEBRUN (ÉLISABETH-VIGÉE)

96 — Vénus et l'Amour. — Tête de Femme. — Femme agenouillée.

Trois dessins à plusieurs crayons.

LIGOZZO (J.)

97 — La Mise au tombeau, d'après le Parmesan.

Très-beau dessin à la plume, lavé et rehaussé d'or.

LOO (CARLE VAN), LEBRUN & AUTRES

98 — Sujets de Vierge, Plafonds, etc.

Six dessins au crayon et à la sanguine.

MARTIN LE SUÉDOIS

99 — Études de Têtes.

Trois dessins à la plume, lavés de bistre.

MELLAN (CLAUDE)

100 — Portrait d'Homme.

Joli dessin à plusieurs crayons.

MEULEN (A.-F. VANDER)

101 — Louis XIV assiégeant la ville de Lille.

Très-beau dessin à la sanguine.

102 — Siége d'une ville.

Très-beau dessin à la sanguine.

MERLIN DE CORK

103 — Paysage; au milieu, un moulin à eau.

Joli dessin au bistre, signé.

MOITTE

104 — Sacrifice.

Dessin en forme de frise lavé à la plume.

NORBLIN

105 — Intérieur d'église animé par une assemblée considérable de personnages polonais.

Très-beau dessin lavé à l'encre de Chine et rehaussé de blanc, signé et daté 1785.

NORBLIN

106 — Montagnes russes.

Dessin très-fin à l'aquarelle.

NICOLLE (J.-V.)

107 — Vue de Florence.

Dessin capital à l'aquarelle.

108 — Vues de Rome.

Quatre dessins à l'aquarelle.

109 — Vues de Rome.

Quatre dessins à l'aquarelle de forme ronde.

NETSCHER (G.)

110 — Portrait d'Anne, comtesse de Bedfort, et deux figures d'Hommes.

Trois dessins au crayon noir, à la sanguine et à la plume, lavés.

NEYTS (Gilles)

111 — Vue d'un château en Allemagne ; sur le devant, des rochers et une cascade.

Charmant dessin très-fini à la plume, signé et daté 1650.

OMMEGANCK (B.-P.)

112 — Paysage animé par un troupeau de chèvres et moutons gardé par des bergers.

Dessin capital lavé à l'encre, mêlée de bistre.

ORLIXC

113 — Joseph expliquant les songes de Pharaon.

Dessin à la plume.

OUDRY (J.-B.)

114 — Vue prise aux environs de Paris.

Dessin au crayon noir, rehaussé de bleu, sur papier bleu.

OVERLAET (Antoine)

115 — Gibier mort et attributs de chasse dans un paysage.

Dessin très-fin à la plume. d'après le tableau original de Ghyssels de même grandeur.

PALMERIUS

116 — Paysage avec ruines, de forme ronde.

Dessin à la plume, lavé.

117 — Scène funèbre.

Dessin au bistre, signé.

PAPETY

118 — Figure de Moine assis. — Paysanne italienne.

Deux beaux dessins à l'aquarelle.

PARMESAN (Francesco Mazzuoli, dit le)

119 — La Charité.

Joli dessin à la plume. (Collection Denon.)

PARMESAN (FRANCESCO MAZZUOLI, DIT LE)

120 — Nymphes se baignant.

Dessin à la plume, lavé et rehaussé de blanc.

PARROCEL (JOSEPH)

121 — Le Passage du Rhin en présence de Louis XIV.

Dessin à la plume, lavé de bistre et d'encre, et rehaussé de blanc.

PERIGNON (H.)

122 — Vue de la place Louis XV prise du bord de l'eau.

Très-belle gouache.

PERINO DEL VAGA (PIETRO BUONACORSI, DIT)

123 — Figures d'enfants dans un fond d'ornement.—Jésus guérissant le paralytique.

Trois dessins à la plume, lavés de bistre.

PERNOT

124 — Étude d'arbre.

Dessin au lavis; plus un autre dessin : Intérieur de monument de la Renaissance.

ROMAIN (GIULIO PIPPI, dit JULES)

125 — Assemblée des Dieux.

Dessin au bistre.

POLYDORE DE CARAVAGE

126 — Joseph et ses frères.

Dessin à la plume.

PROTAIN

127 — Vue intérieure de la ville d'Alexandrie en Egypte.

Dessin à l'aquarelle fait au Caire en 1798.

128 — Vue des Sphinx d'Égypte.

Dessin à l'aquarelle.

PRUD'HON (P.-P.)

129 — Triomphe de Bonaparte, premier consul.

Précieux dessin à la plume, lavé de bistre.

PUGET (PIERRE)

130 — Intérieur d'un port avec vaisseaux.

Dessin très-capital à l'encre, sur vélin, signé.

RAMBERT

131 — Caricature dessinée à la plume et portrait de Fra Diavolo, à l'aquarelle.

REDOUTÉ (P.-J.)

132 — Bouquet de roses sur fond noir.

Joli dessin à l'aquarelle, signé.

133 — Bouquet d'œillets.

Très-beau dessin à l'aquarelle, signé et daté 1820.

134 — Étude de Pavot.

A la sanguine.

ROBERT (Hubert)

135 — Vue à Rome.

Dessin à la plume, lavé de bistre ; signé.

ROSSO DEL ROSSO

136 — Sujets mythologiques pour orfévrerie.

Deux dessins à la plume, lavés de bistre.

RUBENS (Pierre-Paul)

137 — Portrait de Femme.

Très-beau dessin au bistre, légèrement colorié.

RUBENS (Attribué à)

138 — La Résurrection de Lazare.

Très-beau dessin à la sanguine.

RUE (F.-R. de la)

139 — Assemblée de Musulmans dans un temple de riche décoration.

Dessin à la plume, lavé de bistre, portant les initiales de l'artiste.

140 — Costumes militaires : Cimbalier et Tambour.

Deux charmants dessins à l'aquarelle.

141 — Batailles

Deux dessins en forme de frise à l'aquarelle.

SARTE (André del)

142 — Mendiant appuyé sur son bâton.

Dessin à la plume, lavé de bistre.

SEVIN (P.)

143 — Portrait équestre de Turenne, surmonté d'un Amour portant la bannière fleurdelisée.

Très-belle miniature, signée et datée 1670.

SIRANI

144 — Frise représentant des jeux d'enfants.

Dessin au bistre.

SWEBACH-DESFONTAINES

145 — Intérieur de ferme, animé de soldats buvant.

Très-beau dessin à l'aquarelle, signé et daté 1789.

146 — Rendez-vous de chasse.

Beau dessin au crayon noir, rehaussé de blanc, sur papier de couleur.

147 — Costumes russes.

Trois dessins à la plume, lavés d'aquarelle.

THIENON (Louis)

148 — Intérieur de la chambre de Henri II au château de Blois.

Dessin à l'aquarelle.

THOMAS

149 — Ecclésiastique allant porter le saint viatique.

Dessin à la plume, lavé d'aquarelle.

THOTEBA

150 — Grand paysage composé.

Dessin à la plume, signé.

TINTORET (JACQUES-ROBUSTI, dit LE)

151 — Adoration du veau d'or; Jésus chez le Pharisien. Deux compositions différentes.

Trois dessins à plusieurs crayons et lavés de bistre.

TOUR (MAURICE-QUENTIN DE LA)

152 — Portrait de Madame Louise, fille de Louis XV.

Très-beau pastel d'une conservation remarquable.

VANNI (FRANCESCO)

153 — La Fuite en Égypte.

Charmant dessin à la plume et à la sanguine. lavé de bistre. (Collection Mariette.)

VELDE (GUILLAUME VAN DE)

154 — Marine.

Dessin à la plume, lavé d'encre de Chine.

VILLERET

155 — Vue de l'intérieur de l'hôtel de ville à Rouen.

Dessin à l'aquarelle.

VINCENT

156 — Épisode des guerres de la Fronde.

Dessin capital à la plume, lavé de bistre.

WILLE (Fils)

157 — Portrait de Marie-Louise de Forge, femme de Jean-Georges Wille, célèbre graveur.

Dessin très-terminé au crayon noir, signé et daté 1774.

158 — Vues prises près de Montfaucon et dans les carrières aux environs de Paris.

Deux dessins à la sanguine et à l'aquarelle.

ZUCCHERO (T.-F.)

159 — Le Jugement de Pâris.

Ancienne miniature sur vélin.

160 — Cérémonies religieuses.

Deux beaux dessins à la plume, lavés de bistre, dont un provenant de la Collection Mariette.

161 — Album in-fol. obl., d.-rel., contenant soixante-quatre dessins au lavis, à l'aquarelle et au crayon, par Cassas, Demarne, Boissieu, Perignon, Des-

portes, Taunay, Van Spaendonck, Leclerc, Norblin, Huet, Nicolle, Gudin, Panini, Chardin, Wille, Boucher, Redouté, Pigalle, Leprince, Fragonard, Gravelot, Duplessis, Moreau, etc.

162 — Album in-fol. obl., d.-rel., contenant quarante-trois dessins au crayon, à l'encre et à l'aquarelle, par Gérard, David, Leclerc, Meynier, Bourdon, Fragonard, Stopfer, Caraffa, Norblin, Granet, Thienon, Vauzelle, Cassas, Gigante, Thomas, Latteux, Thibaut, Robert, E. Lamy, Gudin, Léon Cogniet, Newton Fielding, Guérin, Paul Delaroche, etc.

163 — Album contenant cinquante dessins à l'aquarelle, au bistre, au crayon noir et à la plume, par Paul Delaroche, Nicolle, Cazenave, Carrache, etc. Dans cet album se trouvent six lithographies coloriées d'après Paul Delaroche.

164 — Quatre dessins indiens et chinois dans trois cadres.

165 — Portrait de Jacques Leboutillier de Rancé, abbé de la Trappe.

Aquarelle sur vélin.

166 — Intérieurs de forêts.

Trois dessins à l'aquarelle, par Mathis.

ESTAMPES

AUDOUIN (P.)

167 — Collection de portraits de la famille de Bourbon.

Sept pièces.

CALLOT (J.)

168 — Portrait de Cl. Deruet.

Très belle épreuve du premier état. Rare.

DELAROCHE (PAUL, d'après)

169 — Sainte Cécile, gravée par M. Forster.

170 — Sainte Amélie, reine de Hongrie, gravée par H. Mercury.

Épreuve avant le titre de Reine de Hongrie, sur papier de Chine.

171 — Saint Vincent de Paul prêchant devant la cour de Louis XIII, par Z. Prevost.

Épreuve avant la lettre, sur papier de Chine.

DELAROCHE (Paul, d'après)

172 — Charles Ier insulté par ses gardes, par N. Martinet.

Épreuve sur papier de Chine.

173 — Cromwell ouvrant le cercueil de Charles Ier, gravé à la manière noire par M. Henriquel Dupont.

Épreuve avant la lettre. Rare.

174 — Scène de la Saint-Barthélemy, par Prudhomme

Avant la lettre, sur papier de Chine.

175 — Portrait de M. Guizot, gravé par M. Calamatta.

Épreuve sur papier de Chine.

176 — Portrait du marquis de Pastoret, par M. Henriquel Dupont.

Épreuve sur papier de Chine, avec l'eau-forte. Deux pièces.

177 — Portrait de M. Henriquel Dupont, par Aristide Louis.

Épreuve avant la lettre, sur papier de Chine.

178 — Philippo Lippi et Enfants surpris par l'orage.

Deux pièces avant la lettre, gravées par Reynols et Mail.

179 — Charles-Édouard réfugié en Écosse, par Sixdeniers.

Épreuve avant la lettre.

DELAROCHE (Paul, d'après)

180 — Portrait de Mme Pasta, par Reynolds.

Epreuve avant la lettre.

LAUGIER

181 — Napoléon visitant les pestiférés de Jaffa.

Belle épreuve avant la lettre.

LEU (Th. de)

182 — Portrait de Catherine de Bourbon, sœur unique du roi.

Très-belle épreuve. (Collection R. Dumesnil.)

MAZOT (F)

183 — Portrait équestre d'Olivier Cromwell.

PONTIUS (P.)

184 — Portrait de Don Philippe de Gusman, d'après Van Dyck.

Très-belle épreuve du premier état, avec l'adresse de Martin Van den Enden.

SAENREDAM (J.)

185 — Vierges folles et sages.

Cinq pièces.

THOMAS

186 — Partie de son Œuvre en lithographie ; trente-trois pièces.

187 — Paysages, portraits, etc., gravés par Callot, C. Dusart, Séb. Leclerc. Silvestre et autres.

Trente-une pièces.

188 — Sous ce numéro, il sera vendu plusieurs lots d'estampes et de dessins non catalogués.

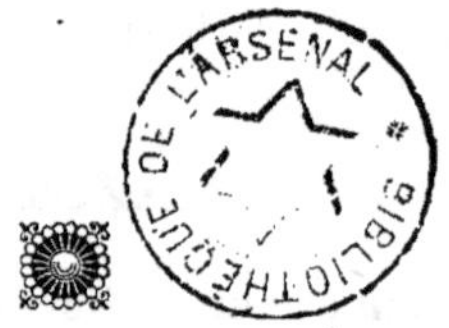

Renou et Maulde, imprimeurs de la Compagnie des Commissaires-Priseurs, rue de Rivoli, 144. 22173

[illegible]

[illegible]

Rue de Rivoli, 144

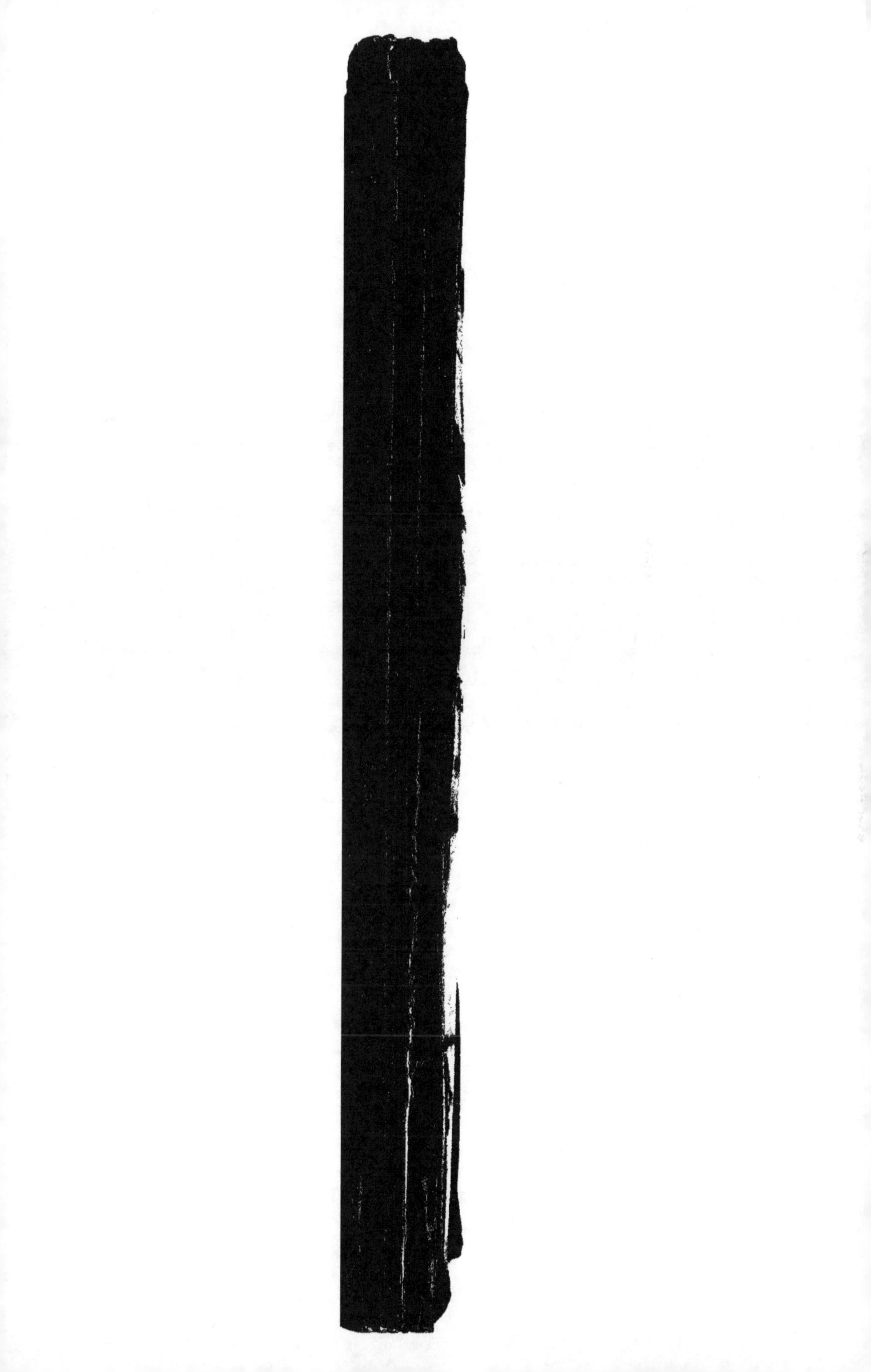

www.ingramcontent.com/pod-product-compliance
Lightning Source LLC
LaVergne TN
LVHW050414160826
845677LV00002BA/368

* 9 7 8 2 3 2 9 7 9 1 6 7 8 *